NO ES
NO

Título original: Non c'est NON
© Dïana Bélice 2016
Editor original: Les Éditions de Mortagne,
Boucherville, Québec, Canada

NO ES NO

ISBN 978-607-748-169-0
1ª edición: noviembre de 2018

© 2016 by Dïana Bélice
© 2018 de la traducción by Valeria Le Duc
© 2018 by Ediciones Urano, S.A.U.
Aribau, 142 pral. 08036 Barcelona
Ediciones Urano México, S.A. de C.V.
Av. Insurgentes Sur 1722 piso 3, Col. Florida,
México, D.F., 01030 México.
www.uranitolibros.com
uranitomexico@edicionesurano.com

Diseño de portada: Karina Flores

Impreso en Litográfica Ingramex S.A. de C.V.
Centeno 162-1, Col. Granjas Esmeralda,
CDMX, 09810, México

Impreso en México – *Printed in Mexico*

Por Dïana Bélice

PUCK

*Para Emma,
la fuerte, la magnífica*

26 de junio

—¡Hola, señora Tremblay! grita al entrar Laurie, mi mejor amiga, con su marcado acento de Quebec.

Con un delantal atado a la cintura, mi madre nos recibe en la cocina con una sonrisa cariñosa. Me acerco a abrazarla y a darle un beso. Es nuestra rutina. En cuanto nos vemos, automáticamente nos acercamos una a la otra para darnos un abrazo. Ella me responde acariciando mi brazo con su mano libre, ya que la otra está ocupada preparando los alimentos que huelen delicioso para la comida.

—Y bien, ¿cómo se sienten las señoritas que terminan la preparatoria? Nos pregunta mientras yo me libero suavemente de su abrazo.

Laurie y yo intercambiamos grandes sonrisas. Ella contesta por nosotras.

—¡Es la mejor sensación del mundo!

Nos abrazamos antes de soltar una carcajada y ponernos a girar como niñas chiquitas. ¡No puedo creer que ya terminamos la preparatoria! Al fin termina un largo capítulo que duró cinco eternos años, pero comienza otro que dará lugar a nuevas aventuras. ¡Y éste empieza mañana!

Yo iré a trabajar a un campamento de verano para niños de nueve a doce años que vienen de familias en condiciones vulnerables y de zonas con altas tasas de criminalidad. ¡Es un sueño hecho realidad! Además de que podré ganar un poco de dinero antes de entrar a la universidad. Pero lo que es todavía más genial es que voy a conocer a las personas con las que quiero trabajar luego de terminar mis estudios en técnicas de intervención contra la delincuencia: los jóvenes "en riesgo". No sé bien por qué, pero el crimen me apasiona. O, más bien, las razones que llevan a algunas personas a cometer crímenes. Desafortunadamente, eso es lo que le espera a una gran parte de los jóvenes que conoceré en los meses siguientes. Espero poder ser una inspiración para ellos.

Tomadas del brazo, Laurie y yo paramos nuestro juego agotadas y muertas de risa. Mi madre nos observa con expresión divertida.

—Niñas, estoy muy contenta por ustedes. Pero tienen que saber que, a partir de aquí, entran a la cancha de los adultos. Tendrán que enfrentar cada vez más responsabilidades. A su edad…

Ya está. Mamá se arranca con uno de sus largos discursos sobre los obstáculos que tuvo que enfrentar cuando tenía nuestra edad. El problema es que ese disco, Laurie y yo ya nos lo sabemos de memoria. A espaldas de mi madre, Laurie hace señas de pasarse una soga por el cuello para colgarse. Yo aprieto los labios para no soltar una risita tonta y mamá nos lanza una mirada sospechosa. Parece comprender que no sacará nada bueno de nosotras en este momento.

—La comida estará lista exactamente en treinta minutos, nos dice al fin. Laurie, eres bienvenida si quieres quedarte a comer.

—¡Lo voy a pensar, gracias por la invitación!

Sin aguantar ni un segundo más, Laurie y yo nos vamos muertas de risa y haciendo escándalo hacia las escaleras. Cierro la puerta de mi cuarto al mismo tiempo que mi amiga se tira en mi cama y se pone cómoda con los brazos cruzados detrás de la cabeza.

—Tu mamá me odia.

—¡Claro que no! ¡Al menos, ya no!

—¿Qué? se levanta de prisa con aire rebelde. ¿Quieres decir que antes sí?

—No te voy a ocultar que, hace tres años, cuando nos hicimos amigas, no te quería mucho. ¡Creía que serías una mala influencia para mí!

—¿Por qué? ¡Soy la chica más buena del mundo!

—No lo tomes a mal. A veces mamá se pone un poco loca con eso de la "etiqueta". No le gustaba mucho tu manera de hablar y de vestirte, algo por el estilo. Pero ya vio que eres una buena persona.

—¡Me vale! Dice mi amiga barriendo mi comentario con su mano, lo cual me hace sonreír. Cambiando de tema, ¡no puedo creer que nos vamos mañana!

—¡Ya sé! ¡Llevamos tanto tiempo esperando! ¡Hubo un momento en que parecía que era solo un sueño!

—¿Te imaginas lo bien que la vamos a pasar sin nuestros papás molestando?

Confieso que la idea de estar lejos de mis papás todo el verano es un poco frustrante. Va a ser como una probadita de lo que será la vida adulta y tengo muchísimas ganas de ver si voy a estar a la altura. Parece que soy el tipo de persona que sabe muy bien lo que quiere en la vida, pero esa es solo la teoría. En la práctica, es una historia completamente distinta.

—Sí, pero no te emociones mucho, Lau. Es una libertad un poco relativa. Tendremos jefe y un supervisor.

—¿Crees que los instructores estén guapos? preguntó al ir hacia mi clóset. Para ti sería la oportunidad de hacer cosas más interesantes.

Mientras inspecciona mi ropa, pongo mi maleta sobre mi cama y veo la lista de cosas que escribí para que no se me olvide nada. Su comentario me baja un poco el ánimo.

—Pff… yo no voy por los chicos.

Ella da un suspiro largo y se sienta a mi lado. Sin tomar en cuenta mis protestas, me toma de las manos.

—Oye… tú y yo nos decimos todo, ¿verdad? Me pregunta con un tono de seriedad.

Yo afirmo con la cabeza sin dudarlo.

—Ok. Bueno, ¿me puedes decir por qué nunca podemos hablar de chicos? Somos dos chicas de diecisiete años, muy guapas, terminamos la preparatoria, ¡y es viernes por la noche! ¡Tendríamos que estar celebrando en algún lado! Pero no, seguimos en tu habitación. Mañana, nos espera la libertad, ¡una nueva vida! Deberías… deberías voltear la página de una vez por todas y olvidar a Oli.

Solo de escuchar su apodo siento una punzada en el corazón. Olivier fue mi único novio. Tenía quince años cuando nos conocimos y duramos dos años. Con él fue mi primera vez de todo. Mi primera cita, la primera vez que le di la mano a un chico, mi primer beso, la primera vez que hice el amor. Evidentemente mi mamá decía que estaba muy chica para tener novio, pero yo adoraba a Olí y no hubiera habido forma de que yo obedeciera sus reglas. A veces es tan estricta que me pone de malas. Como Oli era el vivo ejemplo del niño bueno y mi papá se daba cuenta de eso, él calmaba las reacciones de mamá cuando salía el tema de mi vida amorosa. Fue una suerte que ya tuviera edad suficiente para pedir pastillas anticonceptivas sin tener que pedir el permiso de mis padres. De cualquier forma, sí lo platiqué con mi papá porque a él le tengo confianza y no me sale con sus discursos sobre modalidad, a diferencia de mamá. El me dio su opinión sobre el tema, pero no me juzgó. Él siempre ha sabido que puede confiar en mí. De todas maneras, mi mamá seguro lo sospechaba, porque me soltó todo un discurso aburridísimo. La adoro y jamás quisiera que no estuviera en mi vida, pero en el tema del sexo, simplemente no ha evolucionado.

En resumen, las circunstancias de la vida nos separaron a Oli y a mí. No fue que no nos amáramos, sino que su padre cambió de trabajo y tuvieron que mudarse a vivir a Estados Unidos. Así es que corté toda la comunicación. Para mí era demasiado difícil. Fue una prueba muy dura perder el control de esa forma, ya que no tuve elección. Simplemente tuve que aceptarlo.

Con la voz muy bajita, le respondí a Laurie:

—Todavía es muy reciente...no he logrado olvidarlo...

Lo entiendo, me aseguró ella. ¡Pero no puedes dejar de vivir todo el tiempo por su culpa! ¡Ya pasaron ocho meses! Y él no va a regresar, se acabó.

—Sí...

—Entonces, ¿por qué sigues poniendo esa cara de zombi? ¿Ya no te interesa todo eso? ¿Vas a darte por vencida por culpa de un chico que ya ni siquiera está en el panorama?
—¡No, claro que no! Pero todavía me estresa un poco...
—Escúchame bien, Emma Delacruz. Si voy a tener que soportarte las veinticuatro horas del día, vas a tener que prometerme que vas a ser espontánea y que vas a dejar atrás tu pasado, ¿ok? Ahora tienes que ver hacia adelante.

Luego de una corta pausa, la miro y le digo:

—Está bien, Lau. Te lo prometo.

—¡Anda! ¡Sellemos el trato!

Mi amiga me presenta su puño cerrado y yo choco el mío. Una vez que lo hacemos, nuestros puños se separan y dejamos que nuestros dedos se agiten en el aire con gracia. Esa es la forma en la que sellamos las promesas Laurie y yo. Ahora sé que voy a tener que cumplirla.

***

Lo que más me gusta de la casa en la que vivo con mis papás, es que, saliendo de la ventana de mi cuarto, puedo sentarme sobre el enorme techo de la terraza de enfrente. Allí puedo ponerme a soñar despierta en paz.

Un viento ligero empieza a soplar. Cierro los ojos para sentir cómo acaricia mi rostro. Mañana viene un nuevo capítulo para mí. Y de verdad espero que venga lleno de nuevas aventuras.

Desde donde estoy sentada, escucho que tocan a mi puerta. Luego de gritar "¡adelante!", veo la silueta de mis papás a contra luz. Sonrío al verlos. ¡Son tan diferentes uno del otro! Si mamá es una mujercita organizada, que sabe perfectamente lo que quiere y hacia dónde va, papá es el estereotipo del osito de peluche. No solo por su corpulencia, sino también por su personalidad. Sin importar la situación, él siempre está en calma, es paciente, escucha. Jamás en mi vida lo he visto enfadado. A veces, hasta me pregunto si se enoja.

Salgo de mi escondite y me reúno con ellos en mi habitación.

—¿Estás lista para mañana? Me pregunta mamá con una mirada inquieta.

—Creo que sí… de todas formas, seguro va a ser totalmente diferente que aquí…

—¿Y tus maletas? ¿Están listas, no se te olvida nada? dice mientras las revisa con cuidado para no desdoblar nada.

—Sí, tengo todo.

—¡Oh! ¿Vas a salir de fiesta cuando estés allá? suelta con tono molesto al ver un vestido rojo súper lindo que Laurie me obligó a meter en la maleta.

—Pues… no sé… ¿tal vez? Nunca se sabe…

—Claire, estará dos meses en el campamento. No trabajará todos los fines de semana. Además, habrá varios jóvenes de la misma edad. Es un poco normal que salgan de fiesta. Conoces bien a nuestra Emma, confía en ella.

Un poco más y brinco a abrazar a mi papá para agradecerle que haya salido en mi auxilio.

—Hmm… tienes razón. Discúlpame, querida, estoy un poco nerviosa por tu partida.

Mi respuesta es sonreírle a mi madre y dejarla abrazarme. Mañana será un día importante para los tres, un gran paso. Hemos vivido juntos durante toda mi vida sin habernos separado nunca más de dos noches seguidas. Dentro de mí hay sentimientos de temor, pero también de emoción. Soy como un pájaro que tiene que abandonar el nido y dejar atrás la tranquilidad para ir hacia lo desconocido. Mi corazón late a toda velocidad. Además, me sorprendo pensando en Laurie y sus consejos: aprovechar cada instante del inicio de mi nueva vida.

Vamos, Emma, ya eres casi una mujer adulta. ¡Aviéntate sin mirar atrás!

Sí, justo eso pienso hacer.

27 de junio

Un claxon que suena en el exterior me hace saltar. Escucho una música pop a todo volumen. Imposible no reconocer y voltear a ver a Laurie. Se baja de su viejo convertible rojo con techo completamente descubierto. Trae un par de lentes de sol gigantes que la hacen ver como artista de cine. Se acomoda y permite que mi madre revise su auto de punta a punta y yo no puedo impedir soltar una fuerte carcajada. ¡Va a estar genial!

Corro a recibirla con mi bolsa al hombro y detrás de mí sale papá con mis dos enormes maletas. Laurie me da un abrazo fuerte y escandaloso.

—¡Hoy es el gran día! ¿Estás lista?
—¡Qué otra!

Papá llega y guarda mis maletas en la cajuela. Mamá se acerca con el ceño fruncido y con una expresión de preocupación. Sin siquiera saludar a Laurie, comienza su interrogatorio. Aguanto la respiración, era de esperarse.

—¿Tu madre llevó a revisar tu auto como lo prometió, para que pudieran salir a carretera?

—¡Sí! Responde Laurie.

—¿Y la gasolina?

—Llené el tanque antes de venir.

—¿No estás cansada? ¿Vas a poder manejar bien?

—¡Mamá, es mediodía!

—Son solo dos horas de camino…, agrega Laurie sin perder la calma.

—¿En dónde van a comer?

Esta vez decido intervenir y un poco bruscamente.

—Mamá, ya hablamos miles de veces de nuestro itinerario.

—Sí, lo sé, pero…

—Si tenemos algún contratiempo, serás la primera en saberlo, ¿ok?

Mi madre asiente lentamente y parece estar un poco más tranquila. Sabe que puede confiar en mí. Jamás le he dado razones para dudar. Soy una chica madura y responsable.

—Creo que deberíamos irnos, interrumpe Laurie rompiendo el silencio. Si queremos respetar nuestro programa, lo mejor será salir de inmediato. Bueno, adiós, señora y señor Delacruz, ¡que pasen un buen verano!

Mientras que Laurie sube a su auto, yo me dirijo a mis padres. ¡Aquí está! Llegó el día y la hora. De pronto, los ojos me arden. Pero no quiero que mamá se dé cuenta. Para ella, sería motivo suficiente para cancelarlo. Así es que, para disimular mi incomodidad, abro los brazos y la aprieto hasta que le saco el aire. En mi espalda siento sus dos manos tibias, sólidas y tranquilizadoras. Me limpio discretamente una lágrima que corre por mi mejilla antes de soltar nuestro abrazo.

—Cuídate mucho mi niña grande y hermosa. Llámanos todos los días. Aunque sea solo para saludarnos.

—Claro, papá. Te voy a extrañar, le digo con la voz temblorosa.

Lo abrazo fuerte contra mi corazón antes de voltear una vez más hacia mamá. Puedo ver que hace esfuerzos para no llorar. Para ella es importante demostrar que es una mujer fuerte a pesar de las circunstancias. ¡Si tan solo se soltara un poco! Sus lágrimas no probarían lo contrario.

Mamá toma mi rostro con cuidado entre sus dos manos.

—Mi niña hermosa. Mi hija grande. Prométeme que vas a cuidarte, ¿está bien?

—Prometido, mamá.

Me quita un mechón de mi largo cabello negro que caía sobre mi frente y me da un beso. Aprieto con fuerza su mano para sellar mi promesa, y sin más ceremonia, guardo mi bolso entre los asientos de la parte de atrás y entro al auto.

Laurie se acomoda sus grandes lentes y me dice en voz baja:

—¡De verdad pensé que su despedida no se acabaría nunca!

—Tal vez… pero yo lo necesitaba.

A pesar de todo, agrego fingiendo desesperación:

—Arranca antes de que se les ocurra algo más.

De pronto, el convertible de Laurie se pone en marcha. Mis padres agitan la mano y me mandan besos. Luego sus siluetas se vuelven diminutas. Lentamente, muy lentamente, una imperceptible sensación de libertad se instala en mí. Agarro mi bolso y saco la vieja gorra negra de papá y unos lentes oscuros.

Mi nueva vida empieza. Creí que tendríamos muchas cosas que decirnos. Sin embargo, los primeros minutos de nuestro viaje transcurren en absoluto silencio. Nos impregnamos de esta nueva sensación de independencia,

Al cabo de un largo rato, volteo a ver a mi amiga. Parece que nos leímos la mente porque ella también voltea a verme y nuestras miradas se cruzan por encima de los lentes de sol. Casi al mismo tiempo, una gran sonrisa se dibuja en nuestros labios. Y, como si estuviéramos completamente sincronizadas, nuestros labios se abren para soltar un gran grito que termina con una carcajada incontrolable. Levanto el puño hacia el cielo en señal de victoria —no sé bien cuál victoria—, y luego dejo que mis dedos estirados luchen un poco contra el viento. Simplemente me siento … bien.

***

—¡Oh *my God*! dice Laurie, no puedo creer que hayamos llegado.

Intercambiamos una sonrisa. En todo su esplendor, una enorme pancarta nos anuncia que hemos llegado al campamento de verano 'Alegría para todos'. Una flecha nos indica la dirección del edificio principal. A un lado y otro del camino de tierra, unos enormes árboles se alzan hacia el cielo dando un aire encantador al lugar.

Claramente no somos las únicas que decidimos llegar antes de tiempo. Otros jóvenes bajan de los automóviles y se dirigen hacia la cabaña de las oficinas administrativas. En cuanto abrimos la puerta, una atmósfera cálida nos envuelve. Hecha de grandes troncos nudosos e imperfectos, la gran habitación está decorada con enormes candelabros de fierro forjado. Sobre las paredes, cuernos de venado de distintos tamaños le imprimen un aspecto rústico. Hay sofás alrededor de una mesa baja que parece haber sido esculpida de un viejo tronco de árbol. Me enamoro del lugar. ¡Ya me siento como en casa!

Los demás instructores se reúnen en grupo delante del mostrador de la recepción. La chica que está detrás examina a las nuevas candidatas que estamos todas mascando chicle con la boca abierta. ¡Muy elegante! Laurie me da un codazo rápido para llamar mi atención.

—¿Ya viste a todos esos chicos? ¡Va a ser el mejor verano de toda nuestra vida!

Me disponía a responderle cuando escuchamos que una puerta se cerró y unos pasos pesados venían por el pasillo. Todos nos quedamos callados cuando un tipo alto de cabello rubio y rizado entró en la habitación. Traía una libreta en la mano y una expresión de mal humor. Dos segundos más tarde, un hombre mucho mayor se paró a su lado y le dijo en voz baja pero que sí se escuchaba:

—Hablaremos de todo eso más tarde.
Y el mal humorado respondió:

—No, está bien, ya entendí.

El hombre soltó un suspiro, se mordió un poco el labio y nos sonrió vagamente antes de comenzar:

—Buen día a todos. Me llamo Robert Langlois y soy el director del campamento 'Alegría para todos'. Me da mucho gusto recibirlos a todos. Antes de ceder la palabra a su supervisor (éste último alzó la libreta como para identificarse y agachó la cabeza), me gustaría recordarles que cada año, nuestro campamento invita a un centenar de niños de familias en situaciones vulnerables. Cuento con ustedes para poder ofrecerles una experiencia extraordinaria. Tenemos que mantener nuestra buena reputación, ya que, de ésta depende la generosidad de nuestros donadores… estoy orgulloso de poder decir que formamos una gran familia y nos apoyamos unos a otros. Pero primero, antes que nada, nos respetamos y respetamos a nuestros jóvenes invitados. Espero que disfruten mucho su estancia aquí. ¡Sean todos bienvenidos!

Laurie se puso a aplaudir espontáneamente. Todas las miradas se enfocaron en ella, pero mi amiga ni se inmutó. Sin mucha convicción, algunos aplausos se unieron al suyo. Al menos hasta que el señor Langlois dio media vuelta y se alejó, cediendo el lugar a nuestro supervisor.

Con brazos cruzados y muy desenvuelto, éste nos dirigió una mirada inquisitiva a cada uno de nosotros. Esto nos provocó un fuerte efecto y él lo sabía. Finalmente, una sonrisa apareció en sus labios y suavizó sus gestos. Eso le queda mucho mejor que el aspecto salvaje que tenía cuando llegó.

—¡Hola a todos! Mi nombre es Zackary Nantel. No soy 'señor', agregó con tono de burla, ni 'señor Nantel', ni 'señor Zackary'. Soy solo Zack.

De golpe, toda la presión cayó. Laurie me dio un codazo y me incliné para que pudiera decirme un secreto.

—No está nada mal el supervisor.
—No puedo contradecirte para nada, le dije en voz baja a mi amiga.
—Entonces, les diré lo que vamos a hacer hoy. Van a ir en grupos de dos con los instructores más experimentados, y ellos los llevarán al campamento principal en sus carritos. Les mostrarán las instalaciones, los llevarán a sus dormitorios y les darán sus uniformes. Mañana llegan los primeros grupos. ¿Alguna pregunta?

No había preguntas. Zackary continuó.

—Ok. Entonces, voy a pasar lista. Cuando diga sus nombres, pasen a recoger sus sobres informativos. Tendrán que conocer todo de aquí a mañana.

Los nombres de los demás instructores resuenan a mi alrededor como en una burbuja. Desde que Zack abrió la boca, quedé seducida por su voz clara y profunda. Confieso también que su aire desenvuelto lo vuelve un poco misterioso, como intocable. Todo eso es muy superficial, pero de todas formas tengo ganas de saber más acerca de él. Es la primera vez que me pasa esto desde que Olivier se fue...

—¿Emma Delacruz?

Es mi turno. Avanzo con timidez y él extiende mi sobre, luego lo suelta rápidamente. Justo cuando lo iba a tomar, cayó al piso y todo el contenido salió desparramado. ¡Debo parecer una tonta! ¡Bravo, Emma, qué buena primera impresión! Las mejillas me queman y me apresuro a recoger todos los papeles.

—Espero que esta... torpeza no sea representativa del trabajo que harás este verano, ¿eh, Delacruz? Me dice con un tono que no logro descifrar.

¿La situación le pareció divertida o me quiere degollar allí mismo? No tengo idea... balbuceo miserablemente:

—Ehh... no... claro que no, Zackary.
—Zack, me corrige groseramente. No lo olvides.

Mortificada, doy media vuelta y regreso con mi amiga.

—Eres especialista en llamar la atención, me dice Laurie con tono sugestivo.

—¡Para nada! Es evidente que ya me detesta. ¡Muero de la pena!

Un silbato nos taladra los tímpanos, devuelve la calma y hace que el grupo preste de nuevo atención al supervisor.

—¡No he terminado! Alexis Bujold, Francis Bégin, irán con Valentin; Mélanie Desbiens, Alexane Piché, con Pan de avena; Michel Jacques, Ahmed Boushna, con cara de bofetada; Emilie Vogart y Eric Torres, con Tipet; y, finalmente, Laurie Nantel y Emma Delacruz con Muiz. Quiero decir, conmigo. Y si no entendieron, tendrán que buscar el nombre del instructor que les toca. Vayan por sus cosas y nos vemos enfrente de la cabaña.

Un escándalo se escucha en cuanto Zackary termina su introducción. Junto a mí, Laurie se emociona como una pulga. Yo solo quiero que la tierra se abra y me trague.

—¡Estoy feliz! ¿El recorrido por las instalaciones con el jefe? ¡Increíble!

¡Qué fácil decirlo! ¡Ella no acaba de hacer el ridículo como una tonta! Salgo y me dirijo al auto para recoger mis maletas con los brazos cruzados.

—¿Qué te pasa, Em? ¿No estás contenta?

Volteo a ver hacia la cabaña para asegurarme de que nuestro supervisor no nos escuche.

—¿Explícame por qué tendría que estar contenta? ¿No entendiste? ¡Me detesta!
—¡Yo más bien pensaría como que le gustas!

En cuanto abre la cajuela, saco mi primera maleta.

—¡Creo que necesitas anteojos, Lau! ¡Seguro voy a pasar un verano infernal!

—¡En serio, Em! No seas tan negativa, todo va a estar bien. No empieces a pensar que va a salir mal. Repite conmigo…

Suspiro.

—¿Qué?

—Has justo lo que te dijo. Yo, Emma Delacruz…

Continúo dócilmente:

—Yo, Emma Delacruz…

—Juro liberarme de todos mis pensamientos negativos y apreciar la vida como viene.

Laurie tiene razón y lo sé. Una ocasión como esta no se presenta todos los días. Pronto entraré a la universidad. Ya no tendré oportunidad de disfrutar de mi libertad como en este verano —¡cómo olvidarlo, mamá me lo repetía todo el tiempo!

Tomo una respiración profunda y con una gran sonrisa brillante respondo:

—Lo prometo.

Mi amiga me conoce lo suficiente como para creer en mi promesa. En dos tiempos y con tres movimientos, nuestros puños sellan el trato.

Nuestro supervisor ya nos espera apoyado en su carrito. En cuanto llegamos, sube todo nuestro equipaje en el remolque del vehículo de cuatro plazas. Laurie se sube rápidamente en la parte de atrás. Cuando me dispongo a hacer lo mismo que ella, me empuja para forzarme a subir adelante. ¡Qué horror!

—Puedes sentarte junto a mí, Delacruz, no muerdo, dice Zackary visiblemente molesto. No me interesa ir como chofer de taxi.

Ya está, parece que no me queda de otra. Ya perdí bastantes puntos en los treinta minutos anteriores. Si sigo haciéndolo esperar, podría estar firmando mi sentencia de muerte. Me subo en el asiento delantero e intento hacerme lo más chiquita posible.

Tomamos un camino distinto también rodeado de árboles. Es impresionante cómo aquí la vegetación es omnipresente. Es el lugar ideal para pasar unas vacaciones.

—Esta es la zona principal del campamento, nos informó Zackary en cuanto detuvo el carrito. Por las mañanas nos reunimos aquí antes de iniciar las actividades. También lo hacemos al final del día. Cuando estén con su grupo de jóvenes, siempre se moverán a pie, a menos de que se trate de una emergencia. La enfermería se encuentra justo allí, a su izquierda. Betty y Caroline son las dos enfermeras que trabajan con nosotros. A la derecha, están los dormitorios de los jóvenes. Son quince en total, además de la cafetería y la sala de espectáculos. Las chicas y los chicos duermen separados.

—¿La misma regla aplica para los instructores? Preguntó Laurie con un aire juguetón.

No puedo creer que haya preguntado eso. ¡Es lo único que me faltaba!

—Sí, aunque sabemos que siempre hay quienes rompen las reglas, respondió con voz neutral. Aquí derecho está el camino que lleva a los dormitorios de los empleados. Por allí también se llega al lago.
—¡*Cool*!

Eso fue todo lo que alcancé a decir. ¡Debo haber sonado tan hueca! Si tan solo pudiéramos llegar al dormitorio de mujeres, podría dejar de hacer el ridículo.

Una vez allí, Zackary nos ayudó a bajar nuestras maletas y nos sugirió relajarnos el resto de la tarde.

—Ah, lo olvidaba, dijo mientras subía de nuevo a su carrito. La hora de llegada…
—¿La qué? ¿Hora de llegada? gritó Laurie escandalizada.
—Es a las 9:30 para todos. Y hay rotación para hacer guardias en los dormitorios de los jóvenes.

Sin decir nada más, Zackary arrancó el carrito y se fue.

—¡Mierda-mierda-mierda! gritó Laurie furiosa. ¡No puedo creer que vamos a tener que respetar la hora de llegada! ¡Como niñas chiquitas! Vamos a tener que encontrar la manera de divertirnos, si no, me voy a volver loca.

Volteo la vista hacia arriba y abro la puerta del dormitorio. Al igual que los demás edificios, el de las instructoras está hecho de troncos de manera. Sin embargo, éste es bastante minimalista: hay dos hileras de camas muy bien hechas una frente a la otra, un buró y un armario para guardar nuestras cosas personales. Hay cortinas para separar las camas unas de otras. Sí, cero intimidad. Al final de la larga habitación, un letrero nos indica la entrada del baño. Laurie también ha de estar en estado de shock porque no dice ni una palabra. Verdaderamente los dormitorios dejan mucho que desear.

Cerca de la pared del fondo, en la esquina izquierda, unas cobijas dobladas sobre la cama y los cajones abiertos y vacíos de la cómoda sugieren que ese espacio está libre. Además, está cerca de la ventana. Me acerco para mirar hacia afuera: la vista del lago es maravillosa. Decreto que ese será mi lugar. Más bien el de *Muchacha*. Laurie eligió *Chocolate* como nombre de instructora. ¡Somos *Muchacha* y *Chocolate*! Apodos perfectos para nosotras.

1° de julio

Desde esta mañana, ya caminé dos kilómetros por los senderos montañosos; salté al lago luego de columpiarme en una cuerda como Tarzán; canté hasta secar mis pulmones; hice diez mil trenzas; me aprendí al menos veinte nuevos juegos con ligas. En resumen, apenas son las ocho y media y ya estoy rendida. Lo mismo Laurie. A penas toqué mi cena. Todo me duele. De verdad, lo único que deseo ahora es relajarme y, sobre todo, evitar contrariar a mi —verdaderamente guapo—supervisor.

Los últimos días han sido un desastre. Incluso a lo lejos, sentía su mirada puesta en mí analizando cada uno de mis gestos. Como si estuviera esperando a que me equivocara de nuevo. Y cuando estaba cerca de él, tampoco era mejor. Siempre encontraba la manera de darle un pisotón, de tropezar con él o de animar a mi grupo con demasiado entusiasmo, lo cual hacía que me lanzara miradas de acero. Tengo la impresión de que nunca puedo hacer cosas buenas en el momento indicado y con las personas correctas. ¡Detesto esta situación!

Laurie y yo estábamos descansando afuera, admirando tranquilamente la puesta de sol.

—Sabes que te quiero, ¿verdad, Em?

—¿Tú sabes que yo también a ti?

—Sí. No me lo tomes a mal, pero me gustaría mucho más compartir esta puesta de sol con un chico.

Me recargo contra la madera rugosa y suelto una gran carcajada por el comentario de mi amiga, que está acostada con los brazos abiertos como estrella. ¡Esa es Laurie!

—Confieso que ver una hermosa puesta de sol como esta con tu mejor amiga, no es tan emocionante como verla con el chico que te gusta...

—Ah... ¿acaso nuestro supervisor sería un buen candidato, Emma Delacruz?

Me levanto para recostarme de lado, luego tomo una ramita de pasto y la trituro entre mis dedos.

—Pues... es cierto que Zack es muy guapo, pero... se ve claramente que me detesta.

—¡Alto! Es...

—¡Hola, chicas! grita Alexis Bujold interrumpiendo de golpe nuestra plática.

Igual que nosotras, Alexis es un nuevo instructor y en el otoño irá a la misma universidad que Laurie y yo. Es muy mono, pero parece que quiere caerle bien a todo el mundo. En cuanto un veterano —así les decimos los nuevos a los que llevan más tiempo—aparece en escena, se pone a reír de sus bromas y a estar de acuerdo con todo lo que dice. Es un chico lindo, pero eso que hace es patético.

—Los veteranos se reúnen a orillas del lago, ¿quieren venir? Nos pregunta.

—¡Claro que sí! responde Laurie y se para con un brinco.

Yo lo dudo:

—¿Estás seguro de que podemos ir con ellos?

Justo en ese momento, una de las veteranas, Pan de avena, pasaba por el camino.

—¡Claro que pueden venir! ¡Mientras más seamos, más nos divertiremos!

Laurie y yo intercambiamos miradas y luego la seguimos por el pequeño sendero que lleva a una sección del lago rodeada de pinos. En cuanto llegamos a esa zona exclusiva del campamento, nos recibe un ambiente de fiesta. Algunos están sentados en sillas para acampar en torno a una fogata. Un veterano —creo que es Simon—toca la guitarra. Otros están sentados en el muelle con los pies en el agua. Hay guirnaldas de foquitos entre las ramas de los árboles, lo cual crea un ambiente de intimidad.

—¡Es un lugar muy lindo!

—¡Sí, ya sé! dice Pan de avena —Emilie es su verdadero nombre. Zack fue el que arregló este espacio con otros instructores hace algunos años.

—¡Cielos! Nunca pensé que una idea como esta saldría de él.

—Hay muchas cosas que todavía no sabes sobre nuestro querido instructor, dice antes de alejarse.

Es justo el tipo de comentario lleno de sobre-entendidos que detesto. Sé muy bien que todavía no formo parte del grupo y que es muy *cool* aparentar que sabes más que otros acerca de Zackary, pero me pregunto cuál sería su intención oculta.

En todo caso, lo que he podido ver sobre el funcionamiento de los veteranos, es que parece haber tres clanes: el que forman Zackary y dos tipos con los que está todo el tiempo, Louis y Simon; el de las chicas que son admiradoras de Zack; y el último, formado por chicas que parecen odiarlo a morir. Lo mejor que puedo hacer es mantenerme alejada de toda esa inmadurez. Aún cuando una pequeña parte de mí está un poco intrigada por nuestro supervisor…

La noche cayó sobre el campamento; a lo lejos, la luz de la luna brilla sobre el lago. Laurie está enfrascada en una animada discusión con otros instructores, por lo que decido ir a meter los pies al agua. ¡La noche es muy cálida y húmeda!

La madera del viejo muelle truena bajo mis pies. Me recuerda a mi infancia con mis abuelos paternos en España. Una vez sentada, describo pequeños círculos en el agua y cierro los ojos para apreciar mejor la frescura que invade mi piel poco a poco.

—Hola, tú.

Me sobresalto mientras que Zack se sienta a mi lado. Sin saber por qué, me sonrojo y paso una mecha de cabello detrás de mí oreja. ¿Qué viene a hacer aquí?

—Eh… hola…

—Delacruz, Delacruz, repite como una canción. ¿Cómo te va, te adaptas bien?

De pronto, su voz es dulce, casi familiar, como si nos conociéramos desde hace años. En sus ojos, ya no veo al tipo que explora mis gestos con lupa y parece mantener una distancia profesional en todo momento. Le sonrío amablemente a pesar del inicio accidentado de nuestra relación.

—Voy muy bien, gracias por la preocupación. ¿Y tú?

—¡Estoy agotado!

—¡Con mucha razón! ¡Con días como estos, no hay forma de no estarlo!

—Y todavía es peor para mí… el patrón no me quita la vista de encima, suspira apoyado en sus manos.

Tengo la impresión de que acaba de abrir una puerta y que necesita hablar con alguien. Me tiende un anzuelo. ¿O acaso me equivoco? Me froto las manos sobre los muslos un poco nerviosa. Hace mucho tiempo que un chico no me hace sentir de esta manera.

No tengo ni tiempo de abrir la boca cuando él continúa:

—De cualquier forma, si necesitas cualquier cosa o tienes alguna pregunta, por favor no lo dudes, aquí estoy, ¿ok?

Sus ojos azules e hipnóticos me miran fijamente. Tengo la impresión enloquecedora de fundirme en él. Una sonrisa aparece en sus labios. Está consciente del efecto que tienen sobre mí. Muevo la cabeza riendo tontamente para escapar de su encanto.

—Sí, seguro, ¡gracias!

Me regala una última sonrisa, pone una mano sobre mi hombro y lo aprieta suavemente. Un largo escalofrío me recorre al mismo tiempo que lo veo regresar a la fiesta que, de pronto está más y más animada.

3 de julio

La zona principal del campamento 'Alegría para todos' se transformó en cancha de fútbol soccer. Los grupos de dos monitores, como el mío, forman equipos rivales. En mi papel de entrenadora, aconsejo a mis alumnos lo mejor que puedo. Por el momento intento motivarlos.

—Sé que están cansados, que solo tienen ganas de saltar al lago, pero esta es nuestra única oportunidad de vencer a nuestros adversarios. ¿Todos comprenden lo que tienen que hacer?

Mis jugadores intercambian miradas discretas en silencio. Justo en el momento en el que voy a darme por vencida, una voz sale de mí:

—¡Vamos equipo! ¡Nosotros podemos!

De pronto, motivados por su aplomo, todos se unen a Anne, la más pequeña del grupo, y gritan al unísono:

—¡Vamos, vamos! ¡Los aplastaremos!

Aplaudiendo retoman sus lugares dentro de la cancha para continuar el juego. Entregada por completo, lanzo una mirada desafiante al entrenador del equipo contrario, ni más ni menos que Laurie. Ella me responde señalando con el pulgar al suelo, pronosticando así nuestra derrota. El árbitro —Zackary—silba los últimos segundos del partido. Mis jugadores corren y se lanzan pases torpes, hasta el momento en el que la minúscula Anne logra colarse y mete un gol tan fulminante como inesperado. ¡La victoria es nuestra!

Locos de felicidad, mis pequeños jugadores saltan unos sobre los otros, formando una pirámide humana. Yo brinco muy emocionada, mientras que Laurie, fingiendo ira, tira su libreta al piso. De pronto, me siento conmovida. Emocionada de participar de la felicidad de esos jóvenes que no tienen la vida fácil todos los días.

Después de terminar su labor, Zack se acerca a mí para felicitarme con la luz del sol en los ojos.

—Buena victoria, *Muchacha*, me dice. Es muy *cool* que te apasiones tanto por esto.

Antes de que pueda contestar, se acerca un poco más y desliza su mano por mi cintura. Su aliento tibio roza mi cuello, como una caricia sutil, y me dice:

—Nos vemos, Delacruz.

Todo mi cuerpo se estremece. Justo antes de alejarse, nuestras miradas se enganchan. En sus ojos creo ver cierto interés —¿o será un interés genuino? Siento algo muy gracioso. Muy a mi pesar, creo que tengo ganas de pensar que le gusto un poco…

***

El ambiente en el café está en calma. Los jóvenes están agotados. Lo mismo pasa con los instructores. Todos conversan tranquilamente. Al menos, hasta que Pan de avena dice como si nada:

—Y bien, Emma, ¿qué tanto te decía Zack?
—¡No es asunto tuyo! Responde Laurie en mi lugar.

Un extraño silencio se instala en la mesa y todos volean a verme. Siento que me pongo un poco roja. Con la boca llena, balbuceo:

—No mucho. Solo que fue un buen partido.
—¡Ah! ¡Y para decirte eso casi se metió dentro de tu cuello! me dice para molestarme.

En toda la mesa se escuchan exclamaciones divertidas y yo me pongo todavía más roja.

—¡Es tan guapo! dice otra de las instructoras. Llevo dos veranos trabajando aquí, pero es como si no existiera para él.
—Tal vez es porque no eres suficientemente traviesa, comenta Louis, uno de los seguidores de Zackary, viéndolo comer con el patrón a lo lejos.

Al otro lado de la mesa, los chicos se ríen y se dan codazos. Me acaban de romper mi burbuja. ¿Qué significa eso exactamente? Si decir ni una palabra voy a dejar mi plato. Laurie me sigue en cuanto salgo del lugar.

—¿Estás bien? me pregunta abrazando mi cintura.
—Sí… es solo que no tenía ganas de ser el centro de atención. Además, no entiendo por qué se mete Emilie.
—¡Pues es obvio que Zack le gusta! Y estoy segura de que algo pasó entre ellos dos y que no terminó como ella hubiera querido. Yo creo que…
—¡Oye! ¡Emma, espera!

Laurie y yo volteamos al mismo tiempo a ver a Pan de avena, quien se dirige a toda velocidad hacia nosotras. Cruzo los brazos. ¿Y ahora qué quiere?

—No quise ponerte en el banquillo de los acusados hace un momento…
—Ah, ¡sí? ¡Pues no se notó para nada! agregó Laurie con sarcasmo.

No digo ni una palabra, aunque no me gustó su actitud.

—Emma, solo quiero advertirte sobre Zack.
—¿Advertirme qué? pregunto bastante molesta de pronto, y dejo caer los brazos a los lados.
—Hay algo que tienes que saber sobre él: cuando quiere algo, se las arregla para conseguirlo. Y mientras más difícil es, mejor para él. Te lo digo porque ya me tocó ser a mí la que estuvo en su mira. Pero, una vez que obtuvo lo que quería, salió corriendo. Zack es un auténtico mujeriego. El director ya le llamó la atención por eso. El señor Langlois ya no quiere saber nada a cerca de las conquistas de Zack.

Siento que mi corazón se derrite. Tengo la impresión de haberme hecho falsas esperanzas. Pero, por otro lado, podría estar mintiendo. Después de todo, ella trató de tener una relación con Zack. Sin duda está celosa y es amargada.

—Mira, lamento mucho que no haya funcionado entre Zack y tú. Pero no hay nada entre nosotros, ¿de acuerdo?

Pan de avena duda un buen rato antes de desistir.

—Si tú lo dices.
—Sí, eso es. ¡Ahora piérdete! agrega Laurie.

Tras esas palabras, mi amiga me toma del brazo y me conduce a los dormitorios.

—¡Dios mío! No podría llegar en peor momento.

Era Zack. Venía hacia nosotros con paso decidido. En cuanto nos alcanzó, sentí que me ponía roja. Laurie y yo nos quedamos allí paradas, viéndolo cómo buscaba algo entre sus papeles. Era evidente que quería decirnos algo, pero permaneció mudo. Bueno, hasta que puso los ojos en mí y me miró fijamente. ¡Es muy molesto! No sé bien qué hacer. Laurie también parece estar incómoda.

—Delacruz, dice finalmente. Me gustaría hablar contigo en la oficina administrativa a las siete y media.

Trago saliva con dificultad. Parece ser importante. Logro emitir un gruñido como respuesta:

—Hum, hum…

—Perfecto. Entonces, te espero, concluyó sin voltear a ver.

Ya que se había alejado, Laurie y yo volteamos a vernos con cara de asombro. No teníamos ni la menor idea de qué pensar sobre lo que acababa de ocurrir.

***

A esa hora, ya no hay nadie en las oficinas administrativas. Aun cuando estoy cómodamente sentada, me siento mal. Trituro nerviosamente los dedos y mi pierna derecha no para de moverse.

Me sobresalto cuando escucho pasos. En cuanto doy la vuelta, Zackary se inclina para estar a mi altura. Está tan cerca de mí que puedo distinguir los diferentes tonos azules de sus ojos. Es una locura cómo puede llegar a intimidarme.

—¿Estás lista?

—Hmm… ¿sí? me atrevo a responder sin saber realmente para qué tengo que estar lista.

Me invita a seguirlo y a subir a su carrito estacionado afuera, frente a la puerta. Me subo con el estómago hecho un nudo. ¿A dónde vamos?

—Te he observado desde que llegaste y creo que haces un buen trabajo, declara unos segundos después de que nos pusimos en marcha.

Aun cuando sigo preguntándome qué estamos haciendo aquí, me da mucho gusto escuchar que aprecia el trabajo que hago con los jóvenes.

—No tienes idea de cuánto gusto me da oír eso. Estaba segura de que me detestabas. A mí y a mi trabajo.
—Para nada, protestó en tono seco.

Luego, de nuevo el silencio. ¡Me vuelve loca! ¡Este tipo es todo un enigma! Por un lado, nunca sé qué esperar de él. Por el otro, el aura de misterio que lo envuelve hace que me den ganas de saber más. ¡Es tan contradictorio! ¿Qué diablos estamos haciendo aquí? ¿Y por qué no me dice nada?

Finalmente se detiene, baja del carrito y mete sus manos en los bolsillos de su pantalón. Luego se queda allí, con la vista perdida en el horizonte. Sin siquiera darse la vuelta, me dice:

—¿Vienes, Delacruz? Te lo estás perdiendo.

Intrigada, me acerco a él y veo que está parado en el borde de un pequeño acantilado. Desde allí, podemos ver abajo la naturaleza que se extiende en todo su esplendor, hasta donde alcanza la vista. De pronto, tengo la impresión de poder tocar el cielo. Se me corta la respiración.

—Es hermoso, ¿no?
—Maravilloso, murmuro sorprendida por el paisaje.
—Cuando descubrí este rincón del paraíso, me dije que jamás en mi vida volvería a ver algo tan bello. Después llegaste tú.

Volteo a verlo, para asegurarme de que no se está burlando de mí, pero me observa fijamente. Habla en serio.

—¿Te parezco muy directo?
—Un poco, respondo con una risita de vergüenza.
—No me interesa andar con rodeos.

Incómoda porque insiste en decirme que soy bonita, bajo el mentón y paso para atrás mi cabello con la mano. En lugar de quedarme allí como una niñita que no sabe cómo llevar una conversación, continúo:

—¡Qué bueno porque a mí tampoco! ¿Para qué me trajiste aquí?
—Porque tenía ganas de pasar tiempo contigo y porque eres muy hermosa. Quería poder hacer esto en paz, sin que los demás nos estén mirando todo el tiempo.

Recuerdo la escena de esa tarde con Pan de avena. Es el momento ideal para sacar información directa de la fuente. Decido arriesgarme.

—¿Por qué no quieres que los demás sepan que... que me miras? ¿Y por qué el patrón no te deja en paz? ¿Hace mucho tiempo que trabajas con el señor Langlois?
—Haces demasiadas preguntas, Delacruz, suspira y me mira de reojo.

Me vuelvo más atrevida y mi audacia me sorprende.

—Quisiera... conocerte mejor... quién eres... de dónde vienes... ese tipo de cosas...

—No tienes intenciones de darte por vencida, ¿verdad?

Muevo la cabeza con determinación.

—No tuve… no tuve la mejor infancia del mundo, dice con voz baja.

Continúa mirando a lo lejos, y después me ve fijamente. Sonrío y pongo mi mano en su hombro para animarlo a que continúe, pero no dice nada más. ¿Eso es todo? ¿Cómo se supone que debo descubrir el misterio que lo rodea?

Parece que al fin comprende que quiero saber más. Sin embargo, lo que me revela no me dice mucho:

—Pues, supongo que es por eso que no soy muy abierto con las personas, dice como para zafarse de la conversación. Pero todo eso no es importante, Delacruz, no tengo ganas de hablar del pasado, y menos si en el presente, tengo delante de mí a una chica como tú.

Zackary se acerca y pasa su mano por mi cabello. Me toma suavemente de la nuca y me hace estremecer.

—Me gusta todo de ti, Delacuz. Tu cabello… tus ojos… tu naricita, dice y me da un beso en la punta de la nariz, pero, sobre todo, tus labios que son tan atrayentes.

Zackary se mordió el labio inferior y emitió un sonido que expresaba ganas. Tengo la impresión de estar jugando con fuego, e incluso si tengo miedo de quemarme, no puedo detenerme.

Entonces me atrae hacia él y besa mi cuello como si fuera una jugosa manzana y no quisiera desperdiciar ni una gota de su sabor. Aparta mi cabello y descubre mis hombros desnudos, vestidos con delgados tirantes. Su mano se desliza por mi hombro hacia mi omóplato y de allí hacia mi cintura. Mientras Zack me aprieta contra él, mi razón retoma el control. ¡Diablos! ¿Qué me pasa? ¡Es mi supervisor!

Sin nada de ganas, me separo de él con la respiración cortada. ¡tuvo un fuerte efecto en mí!

—Se hace tarde, creo que deberíamos de irnos…
—¿No eres un poco cachonda?

Me levanto sin saber muy bien cómo interpretar su comentario. ¿Será un reproche? ¿O una forma coqueta de decirme que le gusto y que quisiera ir más allá? No lo sé.

Unos minutos más tarde, me deja frente a mi dormitorio.

—Gracias, yo…

Apenas empezaba a hablar, cuando de pronto, las llantas del carrito levantaron una polvareda y se alejó a toda velocidad. Tal vez no me escuchó. Con actitud soñadora me dirijo hacia la puerta, y puedo ver que Pan de avena está allí y me observa con muy mala cara.

—¿Noche divertida, querida?

Decidida a no meter a Zack en problemas, empiezo a justificarme:

—Solo quería hablarme de mi trabajo, eso es todo.

—No entendiste nada de lo que te dije hace rato, ¿verdad? Lo entiendo, es normal, ¡Zack simplemente es demasiado atractivo!

Me cruzo de brazos y, con los ojos en blanco le pregunto:

—¿Sabes cómo suenas, Pan de avena?

—No, ¿cómo? responde con actitud arrogante.

—Como una chica incapaz de voltear la página de un hombre que no quiso nada con ella. Deberías de cambiar de discurso, empiezas a ser patética, créemelo.

Pan de avena se queda con la boca abierta visiblemente sorprendida por lo que acabo de echarle en cara. Francamente, yo también.

Laurie no está en el dormitorio. Sobre su cama hay ropa tirada por todas partes. Tal vez se está bañando. Mejor, no tengo ganas de ser sometida a un interrogatorio. Cierro mis cortinas y me dispongo a llamar a casa. Saco mi celular del cajón del buró —tengo que dejarlo allí durante el día porque está prohibido en todas las áreas públicas del campamento. En caso de urgencia, utilizamos walkie-talkies.

—Hola, papá.

—¡Mi niña preciosa, ya quería saber de ti!

—¡Papá, hablamos ayer!

—Ya lo sé, pero te extraño. ¿Todo bien por allá? ¿Son amables contigo?

De inmediato mi mente navega hacia Zack y mis mejillas se ponen rojas, muy a mi pesar.

—Sí, papá, todos son muy amables. Me gusta más de lo que pensé.

6 de julio

—Buenos días a todos, dice Pierre. Sé que es temprano, pero quería hablar con ustedes antes de que los jóvenes se levanten.

A mi lado, Laurie bosteza y recarga la cabeza en mi hombro. Por mi parte, también me cuesta trabajo mantener los ojos abiertos. En vez de cotorrear toda la noche del tema de Zackary, hubiéramos podido descansar un poco. Pero Laurie tenía demasiada curiosidad y yo me resigné a contarle todo lo que pasó entre nosotros. De hecho, solo de pensarlo, un escalofrío me recorre el cuerpo.

Pierre sigue hablando de cosas más o menos interesantes acerca del campamento. Yo en realidad no lo escucho. Al otro lado de la mesa está Zackary. Al momento en que sus ojos se encuentran con los míos, le sonrío y me atrevo a mandarle un discreto saludo con la mano. No hay respuesta, solo una mirada fría, justo como si no tuviera la menor idea de quién soy. Me avergüenza mi actitud infantil, por lo que deslizo mi brazo debajo de la mesa e intento concentrarme en lo que dice Pierre. Me imagino que no es buen momento para demostraciones ñoñas de cariño, cuando estamos rodeados de todos nuestros colegas.

—Voy a necesitar la ayuda de todos para cerrar y poner el timbre en estos sobres. Los padres tienen que recibirlos lo antes posible para conocer el procedimiento de inscripción de sus hijos para el año que viene.

Quisiera hacer equipo con Zackary, pero él le está haciendo señas a Pan de avena, quien voltea a verme con aire triunfal. No entiendo nada. Laurie ya tiene equipo. Solo queda Alexis Bujold, alias Superman. No puedo impedir voltear al cielo cuando se dirige hacia mí con una gran sonrisa. Resignada, le devuelvo otra igual.

—¡Hola Emma, estoy feliz de trabajar contigo! No hemos tenido mucho tiempo para platicar con todo el trabajo, cuéntame, ¿cómo van las cosas entre tú y Zack?

¡Nada sutil su pregunta! ¿De manera que existe un "Zack y yo" ante los demás? Alexis parece querer platicar sin tener malas intenciones. Pero, al mismo tiempo, puedo ver que tantea el terreno, tal vez para evaluar si tiene oportunidad. Más vale cortar todo esto en seco. Le respondo con el mayor tacto posible:

—Mira, Alexis. Me pareces muy buen chico y todo, pero… no creo que tú y yo podríamos ser nada más que amigos…

Me detengo en cuanto veo que sus hombros se colapsan y algo en su mirada se quiebra. Pero, rápidamente, barre mi comentario con la mano y agita la cabeza como si cazara un mosquito.

—No es lo que quería decir, pero no importa, ¡no te preocupes por eso! Es solo que no quiero que te lastime. Pareces ser una chica linda y él, pues…

Alexis se mueve al borde de su silla y baja la cabeza, como para revelarme un gran secreto. Su comportamiento me parece un poco exagerado, pero también me acerco a él.

—Escuché a Louis, ya sabes, el que está siempre con Zack (le hago una seña con la cabeza para decirle que sé de quién se trata.) Bueno, presumía con otros instructores de que Zackary, Simon y él en un tiempo formaron el trío del infierno y confesaba que eran culpables de meterse a las casas de manera ilegal. ¿Sabías que habían estado juntos en el mismo centro juvenil? ¡Parece que no tuvieron una vida nada fácil esos tres! En todo caso, aparentemente, en alguna de sus movidas, Zack perdió la cabeza y se puso terriblemente violento.

Sus revelaciones me intrigan mucho, ¿serán ciertas o falsas? decido preguntar:

—¿El señor Langlois sabe de su pasado?
—Cuando salieron del centro juvenil, Pierre les abrió las puertas del campamento. Quería darles la oportunidad de adquirir experiencia en el mercado laboral. Al final de cuentas, les funcionó bien, sobre todo a Zack, que hasta logró subir de puesto.

Me recargo en mi silla con el estómago revuelto. Jamás hubiera pensado ni por un segundo que Zack pudiera ser un delincuente impulsivo. ¡No lo parece para nada!

—No quise fastidiarte con estas historias. No quiero que pienses que quiero tratar de influenciarte…

—No, no, estuvo bien, Alexis, le aseguro con una vaga sonrisa.

—Bueno… vamos a dividirnos el montón de sobres, continuó para cambiar el tema. Será más eficiente así.

Me conmueve su buena voluntad y me siento un poco mal por haberlo rechazado. Alexis es un buen chico. Pero tengo serias dudas sobre lo que acaba de contarme. Creo que para él es solo una forma de parecer interesante. En fin, eso espero.

***

—No tardaré mucho, voy por los chalecos salvavidas. ¡Espérame aquí con Laurie!

Entro chiflando a la pequeña cabaña en la que se encuentra el equipo necesario para las actividades náuticas. Mi buen humor se esfuma en un segundo. No sé bien quién se encargó de guardar el material la última vez, ¡pero esto es un verdadero desastre! Pierdo mucho tiempo moviendo los remos, las cañas y las tablas.

Una vez que termino, salgo con cuidado porque traigo los brazos cargados de chalecos. Entre la penumbra y el sol a plomo, no veo gran cosa frente a mí. Mis dedos apenas tocan la arena, cuando de pronto siento que alguien me agarra con fuerza del antebrazo. Doy un grito, en estado de pánico, mientras que me lanzan contra el muro exterior de la cabaña. Me pongo a soltar puñetazos por todos lados esperando golpear a mi atacante.

—¡Hey, tranquila! ¡Soy yo! dice Zackary entre risas.

Lo veo fijamente, sorprendida por su mala broma. No me pareció ni un poquito gracioso. Mi corazón late a mil por hora, tengo la respiración cortada y tiemblo como una hoja. Lo golpeo varias veces en el pecho, estoy furiosa con él.

—¡De verdad, Zackary! ¡No me parece nada chistoso! ¡Eres un estúpido, me pusiste el susto de mi vida!
—¿Quieres dejar de golpearme? dice mientras me sostiene los puños. ¡Lo siento! no quise asustarte.

Su disculpa suena sincera, pero no estoy lista para perdonarlo tan fácilmente.

—Suéltame, Zack, tengo que ir a reunirme con mi grupo.

Ignora mi solicitud y suplica por su causa con voz seductora:

—Vamos, Emma, ¡ya no te enojes! ¡Te dije que lo siento! ¿Quieres que te lo ruegue de rodillas? ¡Sólo pídemelo!

Mi resistencia se derrumba antes sus ojos tan azules y su encantadora sonrisa y bajo mis defensas.

—¡Está bien, pero nunca más me hagas eso!

A manera de respuesta. Zack me atrae hacia él y posa sus labios sobre los míos, primero suavemente y luego con más ardor. Aun cuando quiero que siga besándome, lo empujo. No permitiré que se salga tan fácilmente con la suya después de lo que hizo. Sin embargo, me abraza con más fuerza por la cintura.

Yo balbuceo un poco inquieta por todo lo que despierta en mí:

—Tengo… yo… tengo que regresar…

—Eres muy bonita. No dejo de pensar en ti… ¿no tienes ganas de quedarte un poco?

¡Claro que tengo ganas de quedarme! Cuando Zackary se acerca de nuevo y me abraza, no pongo resistencia. Sus labios son gruesos y ávidos. En circunstancias normales, nunca dejaría que me manosearan así. Mi razón vuelve a tomar el control. Pero Zackary me sumerge en un estado indescriptible. Las sensaciones que despierta en mí tan hábilmente me envuelven por completo.

Sin embargo, cuando desliza su mano debajo de mi camisa, salgo de golpe de mi delicioso trance. Algo dentro de mí me devuelve rápidamente a la realidad. Abro los ojos, él me mira anhelante.

—Zack, no, espera. No… así no.

Él retira bruscamente su mano de mi piel ardiente. Sus rasgos se vuelven herméticos, sus mandíbulas se crispan, pero, al mismo tiempo, su intensa mirada me dice que esto continuará en otro momento. Su actitud me enciende al máximo.

NO ES NO

Muerdo mi labio inferior y me dejo ir. Tomo su cara entre mis dos manos y me acerco a él. Cuando nuestros labios se encuentran al fin, lo muerdo, lo tiento, lo devoro. Nuestras lenguas se entrelazan en una danza que despierta cada uno de mis sentidos. Sabe delicioso.

Me dejo ir de nuevo, poco a poco, cuando de pronto escuchamos un grupo que se acerca cantando. Reconozco la voz de Pan de avena que les dice a sus campistas que la esperen mientras va a buscar los flotadores para nadar. Tengo que correr antes de que me sorprenda con Zack. Recojo los chalecos y le lanzo una última mirada. Me observa con las manos dentro de los bolsillos y con su eterna sonrisa enigmática.

Al recorrer el sendero que lleva al lago voy riéndome sola. Es como si sintiera que traigo alas en mi espalda.

En cuanto me ve, Laurie sale corriendo a mi encuentro.

—¡Tardaste muchísimo tiempo en ir por los chalecos! ¡Casi me vuelvo loca yo sola con todos estos jóvenes!
—¡Cuando te cuente, vas a entender todo!

***

Sentadas en mi cama con las cortinas cerradas, Laurie y yo hablamos como urracas. Mi amiga tiene mis manos entre las suyas y las tuerce para todos lados de la emoción que le causa lo que le cuento.

—¡Y entonces, lo besé! ¡Como en las películas! ¡Estaba… desatada! le digo intentando ocultar mi cara. ¡Y él besa muy bien!

Mi amiga se deja caer en mi cama y ríe como una hiena. Pero rápidamente se levanta y se sienta muy seria para escuchar el resto de mis peripecias.

—¡Oh, Lau, es una locura! No me sentía así desde… desde…
—Olivier, completa mi frase con tono compasivo. Em, tienes todo el derecho de pasar a otra cosa. Ya pasó mucho tiempo, ya es lo correcto.
—Confieso que empezó de cabeza porque le pareció muy gracioso asustarme, pero luego… ¡fue tan romántico!
—¡O tan sexi!
—Sí, eso también, ¡lo acepto!

Las dos reímos. Esa risa idiota de dos chicas que se cuentan sus historias de amor. Luego continúa con tono más serio:

—Quisiera que tuvieras cuidado, Em. Zack no tiene la mejor reputación aquí.

La sonrisa desaparece de mi rostro.

—¡Es fácil hablar de alguien que no está presente para defenderse!
—Ok, Emma, no vale la pena discutir sobre eso. Eres adulta, sabes bien lo que haces. Y si al final de cuentas tienen buen sexo, ¡por qué no!

Le doy un golpe en el brazo para que entienda que su comentario me molesta.

—¡Bueno, ya! En serio, amiga, me da mucho gusto por ti. Y también me dan un poco de celos.

—¿No has encontrado a nadie que valga la pena?

—¡No! Pero acabamos de llegar apenas, ¡no hay prisa!

Una brisa ligera mueve la cortina alrededor de la cama. Colgada en una esquina de mi diminuto espacio, cerca de la ventana, mi vestido rojo se balancea un poco en su gancho. Tengo la impresión de que lo voy a usar muy pronto.

10 de julio

—¡Hace apenas tres semanas que te fuiste, pero siento que fue hace una eternidad!

Sostengo el teléfono contra mi oreja mientras que me pinto las uñas de los pies.

—¡Exageras, mamá! Ya casi estamos a la mitad de mi tiempo aquí. ¡Pasa tan rápido!
—Tal vez no tan rápido como yo quisiera. Es demasiado para una primera separación…
—Bueno, tengo que irme, mi descanso terminó. Les llamo más tarde para hablar con papá.
—De acuerdo, mi hermosa niña grande, hasta pronto, te amo.

Le mando un "yo también" en automático antes de colgar rápidamente.

Aunque sé muy bien que soplarles a mis uñas no hará que se sequen más rápido, lo hago antes de ponerme mis chanclas 'flip-flop' y de correr en dirección al carrito estacionado frente al dormitorio. Le pedí a

Laurie que me cubriera durante la cena y me ayudara con mi grupo mientras que yo iba un rato a reunirme con Zack al borde del acantilado.

Cuando llegué, ya estaba allí. Desde el instante en que puse los pies en la tierra, me sentí tan ligera como una pluma transportada por una suave nube. A penas había puesto la mano sobre su hombro, cuando Zackary me atrajo hacia él y me besó con pasión, como si no me hubiera visto en varios días. Adoro su entusiasmo. Me demuestra claramente que le gusto y que me desea. Sin embargo, cada vez que estamos solos, en los pocos momentos robados como este, nos la pasamos besándonos y acariciándonos. Quiero compartir con él un poco más que mi saliva. Quiero también saber cosas y conocerlo. ¿Y él no tendrá ganas de descubrir cosas sobre mí? Yo tengo mil preguntas sobre él.

Lo freno cuando intenta quitarme hábilmente la chamarra que me puse.

—Hey, aquí estoy, mírame un poco, le digo mientras tomo su cara entre mis manos.

Él hace un puchero y se sienta sobre el cofre del carrito.

—¿Qué? ¿Ya no tienes ganas de que te toque? Pregunta con tono de berrinche.
—No, no es eso, es solo que también podríamos hablar un poco…
—¿Por qué?

Su respuesta me desconcierta.

—Pues… no sé…porque tengo ganas de que nos conozcamos de otra manera, que estemos más cerca, pero no solo físicamente, ¿entiendes?

Zackary ni siquiera parpadea ante mi propuesta. Decido ser más precisa:

—Por ejemplo, podrías platicarme un poco de los rumores que…
—¿Qué rumores? me interrumpe con tono rudo y con los ojos en blanco.

Le respondo con el mismo tono:

—¡Si me dejaras hablar, podría explicarte!

No me gusta que me hable como si yo fuera su enemiga. Suspira y cruza los brazos, como para darme a entender que espera mi explicación. De pronto, un estrés enorme me invade. Ignoro por qué, pero de todas formas continúo.

—Es acerca de… cuando estuviste en el centro juvenil, con Louis y Simon. Dicen también que…
—¿Qué idioteces dicen, eh, Emma? me corta de golpe.

Sigo con los brazos también cruzados:

—Que tienes muy mal carácter. Que eres impulsivo. Que además eres un mujeriego.

Zackary suelta una carcajada. Parece pasar por todos los estados, como si oscilara entre la decepción y la ira.

—¡Ok! ¡Es verdad! ¡Estuve un tiempo en el centro juvenl! ¿Y eso qué tiene que ver? ¡Eso no me convierte en un mal tipo!

—No, Zack, no es lo que quise insinuar. Es que… ese es justo el tipo de cosas que se pueden explicar tranquilamente. Para aprender a conocerse.

—No tengo gran cosa que decirte sobre eso. Mi vida fue un infierno cuando era más joven. Eso es todo lo que necesitas saber.

—¡No, justamente! Tal vez si pudiéramos hablar del tema, yo podría ayudarte y…

—No tengo ganas de que me veas así, ¿ok? Hay algunas cosas en mi vida de las que no me siento muy orgulloso. Pero no quiero convertirme en tu pequeño proyecto de ayuda, ni tampoco hacer que te alejes…

Su rostro se oscurece. Se ve claramente que hay algo que le molesta. En mí crece un sentimiento que conozco muy bien; el deseo implacable de comprender lo que lo atormenta, pero, sobre todo, de ayudarlo a superar esos acontecimientos que ya no lo definen como persona hoy en día.

—Deja de pensar por mí, Zack. No me voy a ninguna parte, ¿está bien? Soy tu empleada, ¿lo recuerdas? Trato de hacer una broma para suavizar el ambiente.

Mi chiste no le interesa para nada. Parece estar agitado, camina de izquierda a derecha de forma teatral, como si siguiera el rastro de la información en su cabeza.

—¡No quiero que lo sepas! dice finalmente. No necesito que me humilles.

Le respondo con el mismo tono, desesperada por todo el misterio:

—¿Dime al menos si en verdad para ti las chicas son objetos para consumir y tirar? ¿Y yo?

—¿Y tú qué, Emma? ¡Mírame! Todas las chicas quieren salir conmigo. ¡Yo soy el trofeo, no ellas! ¡Y cuando no les funciona como ellas quieren, van a llorarle a Pierre y se quejan de que me tiro todo lo que se mueve, de que no las respeto y de que me aprovecho de ellas! Sabes, en el campamento, las oportunidades están allí, al alcance de la mano. Y el hecho de que pase algo entre un chico y una chica no quiere decir que se prometen felicidad eterna. Tal vez solo era por diversión. ¡Además, así está bien! ¿Por qué no debemos de tratar como puta a una chica que se acuesta con varios tipos? Pero, si es un chico, ¿de pronto se convierte en un mujeriego, un macho o un abusador?

Zack se calló visiblemente enfurecido y consternado a la vez. Parece estar enojado con el mundo entero. No comprendo cómo fue que nuestra conversación se desvió tanto. Seguro fui muy torpe. ¿Tal vez lo presioné demasiado? Después de todo, apenas nos conocemos. Me siento mal. No es bueno apresurarse.

Ya que me aseguré de que su furia había pasado, me acerqué con prudencia y puse mis brazos alrededor de su cuello. Me aseguré de que su mirada se perdiera en la mía.

—Discúlpame, Zack. En verdad lo siento… no quería molestarte con todas mis preguntas y suposiciones. ¡Fue mi culpa! Yo y mi manía de querer saber y comprender todo. ¡Qué… qué importa lo que los demás piensen! Lo que importa somos nosotros. Tranquilamente vamos siendo algo más que amigos…

—¡Wo, wo, espera un minuto! "¿Más que amigos?" repite al mismo tiempo que se libera de mi abrazo.

Su reacción me toma por sorpresa, meto las manos en mis bolsillos y me siento una estúpida.

—Nos vemos diario, Zackary, y…
—¡Zack! ¡Cuando me dices Zackary me traes malos recuerdos de mi madre! gritó como si yo le desagradara.

Trago saliva con un nudo en la garganta.

—Disculpa. ¡No quise ser una tonta! Es solo que, cuando estoy contigo, quiero relajarme y pasarla bien. No quiero romperme la cabeza ni preguntarme si somos novios o no.

Zack avanzó lentamente y deslizó sus manos por mi cintura, luego se inclinó y me abrazó apasionadamente, me hizo girar y me dio una nalgada.

—¡Anda! ¡Vuelve al trabajo, esclava! me ordenó de broma.

Me dirijo hacia mi carrito contenta. Luego volteo y le pregunto:

—¿Zack? ¿Crees que tú y yo…
—¡Calla! No eches todo a perder, Emma.

Pone una mano sobre su corazón y apunta su dedo índice hacia mí con un gesto torpe. No puedo impedir sonreír. No creo que eso haya querido decir que solo somos amigos, estoy segura. Si puso la mano sobre su corazón al verme, seguro es porque quiere que seamos algo más, ¿no?

***

Estamos recostados sobre el pasto, cerca del acantilado, en nuestro lugar secreto. Adoro estos momentos íntimos, lejos del tiempo y del campamento. Sobre todo, el hecho de que Zack haya sugerido que nos viéramos aquí, esta noche, para retomar nuestro "fiasco" de cita —como él dice— de aquella tarde. Solo que confieso que es un poco difícil estar al cien en la pasión del momento con las raíces que se me clavan en la espalda y los mosquitos que me eligieron como su cena.

Zack seguramente es inmune a las picaduras, porque tiene el torso desnudo y no parece incómodo en lo más mínimo con sus hombros musculosos y su piel dorada. ¡Es tan guapo! Cerca de él, dejan de existir todas esas nociones de ser dueña de mí misma que solía creer que tenía. Cada vez que me acerco a su cuerpo tibio pierdo la cabeza.

Al instante en el que me besa, la parte baja de mi vientre se enciende y me hace entrar a un mundo en el que todos mis sentidos se despiertan. Él me abraza cada vez con más fuerza y yo lo empujo con un gemido.

—¡Ay! ¡Rayos, Zack, espera! ¡Una rama se me está clavando en la espalda, me duele mucho!

Se recuesta sobre su costado y al fin puedo levantarme. Me sobo suavemente la espalda y luego suelto una carcajada. ¡Qué situación tan ridícula!

—No veo qué tiene de gracioso.

Mi risa se apaga súbitamente y lanzo un largo suspiro. Comprendo que la situación pueda ser un poco frustrante para él. Para mí también. ¡Hay tanta pasión entre nosotros! Solo que siempre hay una falla presente que nos recuerda que las condiciones para amarnos están lejos de ser las ideales.

—Solo trato de relajar un poco el ambiente.
—Yo ya estaba bastante relajado hace dos minutos, insinúa. ¿Soy yo o siempre encuentras una excusa para que no vayamos más lejos?
—¿En serio, Zack? ¡Me iba a clavar esa raíz!
—Hum, responde incrédulo.
—Zack…
—No sé. Todo esto es nuevo para mí. Nunca había sido un impedimento para las demás chicas…

Palabras como un puñetazo. De pronto, mi sensación de placer se esfuma para dar lugar a un sentimiento de amargura.

—Ni hablar…

Es todo lo que alcanzo a decir, insultada de que me compare con otras chicas, pero todavía más porque me entero de que no soy la primera a la que trae aquí, a *nuestro* lugar secreto sobre *nuestro* acantilado.

—No lo tomes así, Emma...

No sé bien cómo interpretar esa frase. Decido mentir.

—Es cierto.

Y miento una segunda vez.

—Lo entiendo.

Levanto la vista hacia el cielo oscuro plagado de estrellas. Esta noche se ven muy bien. Zack cruza los brazos detrás de su cabeza y se pierde contemplando el infinito. Me acuesto cerca de él, insegura. Incluso estoy a punto de recostar mi cabeza en su hombro. En silencio, me rodea con su brazo. Acurrucada allí, en su calor, casi puedo olvidar lo que acaba de pasar y que me aplasta un poco el corazón. Todos tenemos ganas de ser únicos a los ojos del otro. Pero sería tonto perder lo que está a punto de nacer entre Zack y yo por puras tonterías... finalmente, el acantilado no es nuestro. Al final de cuentas, ¿cuál es la diferencia?

13 de julio

Cuando me ve salir del baño, Laurie abre los ojos enormes por la sorpresa.

—¿Por fin decidiste ponértelo? ¡Te vas tan *hot*!

Plancho el vestido con mis manos sobre mis piernas. Me pone contenta que le guste. Me daba miedo verme ridícula o demasiado arreglada. Laurie me lleva hacia el espejo de cuerpo entero que está en la pared del dormitorio. Me acomoda suavemente algunos de los mechones de cabello largo y negro que me alacié con la plancha. Me tomó mucho tiempo porque me llega hasta la parte baja de la espalda. No me puse collar, solo un par de aretes largos que tienen en la punta unas minúsculas estrellas plateadas. Un poco de delineador, rímel, brillo en los labios y estoy lista.

Hay una tradición establecida al inicio de las actividades del campamento: el día que marca la cuarta semana de trabajo de los instructores, hay una mega fiesta. Según Pan de avena, el evento se organiza para destacar los esfuerzos realizados desde nuestra llegada, para darnos las gracias y para animarnos a continuar.

Yo espero que esta noche sea muy especial. Para eso saqué mi vestido rojo. Quiero ser la más bonita. Quiero que Zack no pueda quitarme los ojos de encima. Esta noche todo será perfecto.

**

Me siento muy bien. Bella. Deseable. A lo lejos, Zackary me mira de reojo. Hay como una corriente eléctrica que nos une. Una tensión sensual e irresistible ejerce presión sobre todos los límites de mi cuerpo, como si quisiera que al fin la dejara salir. La noche es joven y tibia. Parece que todo me es permitido.

Justo en el momento en el que esa idea cruza mi mente, Zackary viene hacia mí con paso decidido. De inmediato mi corazón se acelera, pero trato de que no se note. Actúo como si no me hubiera dado cuenta de nada. Sigo hablando con las chicas que están frente a mí. Lo siento en la espalda, está muy cerca. Cuando desliza su mano por mi cintura y roza mi oreja con sus labios, una verdadera descarga eléctrica me deja clavada en el piso. No puedo impedir cerrar los ojos para poder sentir su contacto y respiro agitadamente. De pronto, ya no existe nadie a nuestro al rededor. Me concentro en lo que me dice al oído.

—En verdad estás para comerte, Delacruz.

Luego, sin decir nada más, se aleja para ir a reunirse con otro grupo en el que está Alexis. De hecho, veo que éste le dice algo a Zack al mismo tiempo que me señala con el mentón. Es claro que yo soy el tema de conversación entre ellos. Zack me mira con una sonrisa oculta y le responde a Alexis, quien parece estar contrariado o decepcionado. Es difícil de decir.

Alexane —o Rayo de sol—, una de las instructoras, me saca de mis pensamientos:

—¿Qué hace nuestro guapo supervisor para que sonrías tanto?

Me sonrojo instantáneamente.

—Pues nada en especial.
—¡Eres muy mala para mentir! agrega Joanne, otra de las chicas del grupo. ¡Es evidente que le gustas! Y eres tan perfecta que lo entiendo.

Ante las exclamaciones de aprobación generalizada, me defiendo:

—¡Alto! ¡Estoy muy lejos de ser perfecta, créanlo!
—¡No nos vengas con falsas modestias, Emma! continua Alexane. ¡Todas las instructoras te tienen envidia, y yo también! Incluso escuché a las veteranas decir que eras muy atractiva.

Me siento mal por ser objeto de toda esa atención. ¿Qué se supone que debería de responder a eso? No puedo admitirlo, me tomarían por la más presumida. Por otro lado, ¡tampoco puedo decirles que se equivocan, ya que acaban de prohibírmelo!

—En todo caso, aprovecha. Hay varias que pelearían entre ellas para estar con Zack. ¡Es tan guapo!

Bueno, al menos la atención ya no está puesta en mi físico. Pensativa, acerco el popote a mi boca y sigo sorbiendo mi bebida.

***

11:45

La fiesta se acaba. El cansancio y el alcohol ayudan y los instructores empiezan a irse.

—Fue una gran fiesta, pero yo me voy a ir a acostar, dice Laurie con un bostezo. Además, mañana tenemos el rally. ¿Vienes?

Volteo hacia donde está Zack, mismo que continúa platicando tranquilamente con sus amigos.

—No… voy a ir a meter un poco los pies al agua para refrescarme, te alcanzo más tarde, ¿ok?
—Como quieras, ¡pero no llegues muy tarde! ¡Te voy a necesitar para que me despiertes mañana!

Luego baja la voz y agrega con un brillo travieso en la mirada:

—Si te quedas por Zack, ¡pórtate mal!

Sonrío y respondo:

—¡Prometido! ¡Te veo al rato!

Cuando Laurie se alejó, suspiré tranquilamente y me quité los zapatos. Los dejé al borde del camino que lleva al lago y pensé que los recogería a mi regreso.

Debajo de mis pies descalzos, el pasto está fresco y calma un poco mi calor. El intercambio de miradas apasionadas durante toda la noche me puso realmente ardiente. Cuando al fin llegué, dejé que mis pulgares dibujaran círculos en el agua. Fiel a mi costumbre, cerré los ojos para impregnarme mejor con la atmósfera. Detrás de mí tronó el viejo muelle de madera. Sonreí, ya que un par de piernas se acomodaron junto a las mías y unos brazos me abrazaron con fuerza. Nuestros cuerpos formaban dos "Vs" unidas.

—¿Sabes que me estuviste excitando toda la noche?

Sonrío aún más.

—Traté de llamar tu atención.
—Lo lograste.

Con una mano, levantó mi mentón y me hizo voltear para poder alcanzar mi boca. Aunque la posición era bastante incómoda, no me quejé. La sensación de felicidad y de éxtasis que su beso reparte por todo mi cuerpo vale la pena. Nuestras respiraciones se aceleran rápidamente. El fuego de la lujuria que estuvimos atizando toda la noche arde entre nosotros. Siento que Zack se pone duro contra mi espalda y yo mojo un poco mis pantaletas. A lo lejos se escucha todavía un poco de música y las voces de algunos instructores que, igual que nosotros, decidieron prolongar la fiesta.

Con la respiración cortada y la voz ronca, Zack murmura:

—Llevo muchos días esperando esto… esta noche serás mía…

Entonces toma mis pechos con sus manos y acaricia mis pezones hábilmente con sus dedos, a través de mi ropa. De pronto, hay urgencia en mí. Quiero que los toque, que los pruebe con su lengua. Al menos, hasta que escuchamos:

—¡Mierda! ¡Tienen que venir a ver esto! ¡Zack y Emma están haciendo cochinadas!

Puedo reconocer la voz de Simon, uno de los integrantes del trío que forman él, Zack y Louis. Zack ríe en voz baja. A mí no me parece gracioso. Completamente perdida en sus caricias, me levanto y le digo:

—¿Quieres que vayamos a la cabaña?

Me muerdo sin querer el interior de la mejilla al darme cuenta de mi audacia, pero ya no puedo echarme para atrás. Ya no quiero. Aunque esperaba que nuestra primera vez fuera mejor…

Puedo ver estrellas en los ojos de Zackary. En silencio me toma de la mano y me guía hacia el que será nuestro "nido de amor". A nuestras espaldas, sus amigos silban y lo animan a darme una buena cogida. Él levanta una mano y les hace una seña como para asegurarles que no los decepcionará.

La actitud de Zack me molesta. No era necesario empeorar las cosas, pero, desde que entramos a la cabaña y la puerta se cerró, todas sus consideraciones se esfumaron en un instante.

Zackary me azota contra el muro, como con prisa de tenerme para él solo. Gracias a su brusquedad, me golpeo la cabeza bastante duro —pero accidentalmente—y quedo algo mareada. Él ni cuenta se da. Mientras me besa con avidez y masajea mis senos a través de mi ropa, yo intento empujarlo suavemente con la idea de recuperarme bien y poder aprovechar al cien por ciento lo que sigue.

—Zack, espera, por favor, yo…
—¿Qué tengo que esperar? ¿Me estuviste excitando toda la noche y ahora te haces la muy santa? ¡No puede ser sí y después no, así no funciona!

Me tardo unos segundos en darme cuenta de que no interpretó bien lo que le dije. Pero el mal está hecho: su rostro se transforma en pura ira. Sus palabras suenan en mi cabeza como un enorme golpe de tambor. No es eso. ¡Confundió todo! ¡De verdad tengo ganas de hacer el amor! Es solo que me pegué y me gustaría que parara para verificar que estoy bien y que se preocupara por mí.

Sus rasgos se deforman de pronto con una expresión que no comprendo. Es como si una tormenta se estuviera formando en sus ojos.

Hago un intento por explicarle:

—Zack, no, ¡no me entendiste! Es que…

—¿Ahora qué? ¡Siempre tienes alguna excusa! dice muy molesto entre dientes. ¡Ya no quiero esperar, Emma! ¡Te quiero ahorita!

Tiene una mano sobre mi pecho izquierdo y con la otra me aprieta el muslo por encima de mi vestido rojo, y cada vez me aprieta más. Esto no me gusta nada.

—¡No, detente, Zack! ¡Me haces daño!
—¡Me vale! estalla de pronto. ¡Ya no quiero escucharte! ¡Sé que tú también tienes ganas!

El miedo me sume el estómago y soy incapaz de responderle. El hombre que está frente a mí es un extraño.

Me toma de los hombros me avienta contra el muro de enfrente, debajo del cual hay un banco de madera seca y rugosa. Siento un golpe muy fuerte en las pantorrillas y que mis omóplatos se van a quedar ensartados en unos ganchos que hay en la pared. Logro mantenerme de pie para luego caer desplomada sobre el banco.

Zack avanza hacia mí con actitud amenazante. El pánico me invade de pronto. No entiendo nada de lo que está pasando. Mis pies descalzos y mojados patinan en el suelo mientras intento retroceder hasta el fondo del banco, como si pudiera escapar a través del muro. Como si éste fuera a abrirse para tragarme y llevarme a un universo paralelo en el que nada de esto sería real.

Cuando Zack llega a donde estoy, levanto las piernas y lo pateo con todas mis fuerzas. Quizá estas agresiones lo devuelvan a su estado normal. Todo lo contrario, mis golpes parecen atizar su furia. Empuja mis pies con el torso, logra meterse entre mis piernas y me clava una rodilla en el estómago. Un dolor espantoso me invade. Muevo con fuerza la cabeza cuando él intenta atraer mi cara hacia la suya, como para besarme a la fuerza.

—¡Deja de portarte como una idiota! grita.

¿Entiende acaso lo que intenta hacer? En un instante siento que me hundo. Me debato, quiero permanecer en la superficie. Entonces, me pongo a agitar mis piernas en todas las direcciones con la esperanza de golpearlo. Sé que le pegué porque lo escucho dar un grito de dolor. Doblado en dos, retrocede con una mano en la entrepierna. Me levanto temblorosa y medio atontada. Tengo que salir de aquí.

Me tambaleo hacia la puerta con todo el cuerpo adolorido. En ese momento me doy cuenta de que una silueta se dibuja afuera. ¡Alguien me escuchó y viene a rescatarme! En cuanto me apoyo en el borde de la ventana, veo unos ojos que se hunden en los míos. Me asusto, tropiezo y caigo hacia atrás. Zackary aprovecha y me agarra de los cabellos. Mientras me debato agitando las manos y los pies por todos lados en el aire, me hace girar de manera que quedo frente a él. Luego levanta la mano y me da una bofetada sin ninguna consideración, como si intentara calmarme. Estoy atrapada con tanta fuerza que me quedo muda, con los ojos tan abiertos, sorprendida por el grado de violencia y por el hecho de que esta noche mágica se haya convertido en una verdadera pesadilla. En mi garganta se va formando una bola. Quisiera gritar, pero no puedo. Me he convertido, ni más ni menos que en una estatua de plomo.

Con gestos bruscos, Zackary intenta quitarme la ropa, pero no lo logra. Es que no se tomó el tiempo de abrir el cierre que está en el costado. El vestido se atora en los huesos de mi cadera. Entonces decide jalar más fuerte y las costuras se desgarran. La tela talla mi piel con fuerza y siento como una fuerte quemadura. Cuando al fin logra arrancármelo, lo avienta detrás de él. Mi vestido cae en el suelo sin hacer ningún ruido.

Se sienta en cuclillas encima de mí y me aplasta con todo su cuerpo para impedir que huya —si tan solo fuera posible, si pudiera intentarlo. Un silencio lúgubre invade todo el espacio y solo es interrumpido por el sonido de la hebilla del cinturón de Zack. Con la respiración cortada, se quita los jeans. Se los desliza por debajo de las nalgas al mismo tiempo que sus calzones. Está listo.

De pronto, el rayo de luz de una linterna ilumina la habitación. Hay alguien allí, no me lo imaginé. Mi alma renace. Zack pone una mano sobre mi boca con fuerza bruta. Me retuerzo como una anguila. Me pongo a gemir para que mi salvador sepa que algo malo está pasando. Pero, en cuanto la puerta se abre, comprendo que todo está perdido. Estoy condenada.

—¡Shtt! ¡Ya estoy haciendo gozar a esta zorra!

Devastada por lo que acabo de escuchar, fijo una mirada ausente en la puerta en la que están parados los fieles acólitos de Zack. Con una sonrisa en los labios, se quedan allí como si estuvieran viendo un show porno en vivo. Siento como una ola de histeria que invade todo mi cuerpo.

NO ES NO

—¡No ven que estoy ocupado! ¡Cierren la puerta, idiotas! grita Zack.

Espero que den media vuelta y se vayan, pero Louis cierra la puerta riendo. Van a quedarse. Allí es cuando pierdo la cabeza. Entonces me pongo a gritar y aullar como una loca.

—¡Cierra la boca! me ordena Zackary. ¡Quédate quieta!
—¡Espera, voy a ayudarte! dice Simon, el pelirrojo.

Yo sigo intentando liberarme, cuando llega y se instala atrás de mi cabeza. Con las manos frías y los dedos cortos y regordetes, me sostiene los puños contra el piso. Ya no puedo mover los brazos. Suelto algunas patadas más, pero es una causa perdida. Busco la mirada de Simon con ojos suplicantes para convencerlo de ayudarme a detener todo esto. Pero él está completamente cerrado a cualquier posibilidad de ayuda. Para humillarme y hacerme sentir que le gusta lo que ve, se pone de rodillas y baja su entrepierna encima de mi cara varias veces. Puedo sentir su pene erecto a través de sus shorts. A él le parece gracioso y yo tengo ganas de vomitar. Lo único que puedo hacer para protegerme es cerrar los ojos.

Ya no puedo respirar. Mi cara se adormece, siento una nausea horrible. Mi cuerpo se baña con un sudor frío. Creo que estoy casi a punto de quedar inconsciente. Tal vez sería lo mejor. Quizá no debería de estar consciente de lo que inevitablemente va a ocurrir.

—¡Anda, dale su merecido a esta perra!

—¡Cállate, Louis! ¡No tengo ganas de oírte! grita Zackary mientras voltear a ver a su amigo que está más alejado.

De pronto, Zackary moja sus dedos con saliva, mueve mis pantaletas a un lado y desliza sus dedos alrededor de mi clítoris como para preparar el terreno. Al cabo de unos segundos, su miembro me penetra y provoca en mí un dolor insoportable.

Siento que las fuerzas me abandonan. Mi cabeza se vuelve cada vez más ligera. Debido al continuo movimiento de arriba a abajo, mi cuero cabelludo se va raspando contra el suelo, y las lágrimas brotan silenciosas en un flujo ininterrumpido.

Durante todo este tiempo, Zackary sigue su vaivén con los ojos cerrados, como si intentara concentrarse en el orgasmo que intenta alcanzar desesperadamente.

—¡Mierda!

Su voz suena muy molesta. Las cosas no están saliendo como él quería. Entonces, con una mano, me arranca el sostén. El tirante izquierdo cede sin oponer resistencia. Zack se pone entonces a amasar uno de mis pechos y sigue su violenta embestida cada vez más fuerte, cada vez más rápido.

—¡Están buenísimas! me dice Simon al mismo tiempo que clava sus ojos en los míos.

Quise escupirle en la cara, pero no puedo ni levantar la cabeza. La nuca me duele muchísimo, como si hubiera recibido un duro golpe. Con mis puños bien apretados, Simon se inclina sobre mí y se pone a succionar uno de mis pezones. Intento liberarme de su asquerosa boca, pero no puedo. Los dos me atacan como si fuera un festín.

Lentamente, mi cabeza se pierde en una nube negra de tormenta.

Zackary aumenta el ritmo de su vaivén. Mi cuerpo se torna cada vez más rígido como para protegerse de la agresión que está sufriendo. Para protegerme a *mí* de esta agresión. Mi ser completo se sacude con un temblor incontrolable mientras Zackary pega un grito de satisfacción. Creo que lo gozó. Se retira con una respiración agitada mientras Simon también se hace a un lado.

—¡Qué asco! ¡No quiero tu semen en mi cara! agrega al tiempo que se levanta.

Mi tercer verdugo también me soltó. Me hago bolita en posición fetal, como si, de esta manera, ninguno de ellos pudiera volver a tocarme. Me muero de calor, pero tiemblo como una hoja. Mis dientes castañetean por mis escalofríos. Abro los ojos y veo mi vestido rojo, aventado, roto, pisoteado, ensuciado. Como yo.

Con los pantalones en las pantorrillas y el miembro aún en posición horizontal, Zackary recupera el aliento, pone sus manos en la cintura y mira hacia arriba. Pronto, se viste y va a sentarse al banco con los antebrazos apoyados en las rodillas. ¿Para qué se sienta? ¿Acaso no se van a ir?

Dentro de la bruma que hay en mi mente, escucho un zumbido. Tranquilamente se va transformando en una voz. Es la de Louis. ¿Qué dice? Mi cerebro tiene dificultades para procesar la información.

—Zack, ¿Te importa si yo...
—Has lo que quieras. Me vale...

Su respuesta se estrella en mi cabeza y resuena como una sentencia adicional. Mi instinto me dice que me siente. Ahora. Me apoyo en los codos y retrocedo contra el suelo de concreto helado. Durante ese momento, Louis avanza hacia mí con los ojos llenos de lujuria y me atrapa por los pies. Yo giro sobre mi estómago, planto las uñas en el piso y lo araño tratando desesperadamente de huir.

—¡Vamos a hacerlo como te gusta! ¿Te gusta que te jodan?
—¡No! ¡Noooo! grito cuando me obliga a ponerme en cuatro patas y me aprieta el cuello con una mano.

A través de su pantalón, puedo adivinar que está listo y lloro cada vez más, comprendiendo lo que va a suceder.

Le imploro sollozando y mis lágrimas se mezclan con mi saliva.

—¡No! ¡Por favor, detente! ¡Ya basta! ¡Es suficiente! ¡Zack, por favor has algo! ¡Impide esto, te lo suplico!

Por un instante, sueño que accede a mi petición y que sale en mi defensa. Pobre estúpida. ¿De verdad?

¿Después de lo que acaba de hacer? Zackary mira hacia otro lado y me apuñala con su desinterés.

Louis me baja las pantaletas hasta las rodillas. Rápidamente su piel caliente e hinchada busca un lugar para meterse.

—¿No encuentras el hoyo, guey? Se burla Simon mientras nos observa con las manos en la cintura.

—¡Cállate! ¡No todas son iguales!

Herido en su orgullo, Louis mueve los dedos desde mis nalgas hacia mi hendidura. Allí, sus dedos con uñas como de acero buscan mi vagina. Y, mientras se mueve, tengo la impresión de sentir unos cortes constantes, parecidos a los de una lámina sucia y mal afilada. Cuando al fin encuentra el orificio deseado, inserta el dedo.

—Sí, está muy cerrado aquí dentro, comenta.
—¡Intenta con más dedos! lo anima Simon. Tienes que hacer un camino antes de poder meter tu pene. El otro día vi a un tipo hacer eso en una película. ¡Muy loco!
—No, por favor… susurro con un tono de voz apenas audible.

No sé cuántos dedos tratar de meter en mi recto, pero voy sintiendo un estiramiento muy desagradable. No puedo impedir gritar como un animal herido mientras mi carne se desgarra debido a la lenta tortura.

—¡Mierda! ¡De verdad que la estoy destrozando! ¡La acabo de penetrar por detrás!

Al mismo tiempo que deseo morir, escucho de nuevo que abren la puerta.

—Pero…qué… ¿qué están haciendo?

Un silencio absoluto invade la habitación. Si no puedo morir, quizá esta vez sí pueda ser salvada. Reconozco la voz de Alexis.

Exclamo con un hilo de voz:

—¡Alexis! ¡Alexis, por favor ayúdame!
—¡Son unas bestias inmundas! ¡Bola de asquerosos! ¡Déjenla en paz!

Alexis intenta acercarse hacia donde estoy, pero Simon casi vuela desde el otro extremo de la cabaña y le bloquea el camino.

—¡Si no quieres participar, lárgate!

Enseguida escucho ruidos como de golpes, pero, desde donde estoy, no puedo saber si Alexis salió ganador. Se oyen muchos gruñidos y luego la puerta se azota y unos pasos se alejan en la noche.

—¡Nos largamos! grita Zack con una voz seca.

Una burbuja de esperanza nace en mí.

—¡Vamos! ¡Ni siquiera me dio tiempo de probarla de verdad! se queja Louis.

—¿Estás mal de la cabeza, o qué? lo regaña Zack mientras lo patea con la punta del pie. ¡Tenemos que agarrar al maricón ese antes de que se ponga a hablar!

Obedece de mala gana, y ambos acompañan a Zack a internarse en la noche oscura. Éste me roza al pasar. En el instante crucial en el que creí que al fin estaba sola, se regresa y llega hasta donde yo estaba. Me enderezo y me dispongo a soportarlo de nuevo.

—Emma, yo… ¡Diablos!

Esta vez sí se fue corriendo. ¿Por qué se molesta en correr? Aunque quisiera, jamás sería capaz de alcanzarlo.

14 de julio

00:39 horas

Me dejo caer a un lado con el cuerpo hirviendo. Me quedo allí, temblando, con los ojos y el rostro cubiertos en lágrimas y sudor. Tengo miedo de respirar. Tengo miedo de moverme, de atraer de nuevo su atención. Estoy paralizada. ¿Y si aún estuvieran por allí, escondidos en la oscuridad? ¿Qué pasaría si decidieran seguir con lo que estaban haciendo?

Intento calmarme y pensar. Imposible. Mis pensamientos giran sin que yo pueda controlarlos. El pánico invade todo el espacio. Pero una vocecita logra atravesar ese velo opaco y me grita que tengo que irme de allí. Si regresan, no sobreviviría a un nuevo ataque.

Busco mi vestido con la mirada; está atorado debajo de la puerta. Lo jalo bastante fuerte y logro desatorarlo al mismo tiempo que escucho que se desgarra. Retrocedo unos pasos y acabo cayendo sobre mis nalgas. Muchas emociones se mezclan en mí a la vez; no logro diferenciar en dónde termina una y empieza la otra.

Estoy hecha un verdadero desastre. Me revolcaron de pies a cabeza. Así fue, me siento sucia. Estoy vacía. Robada, violada.

Agito suavemente mi cabeza como para ordenar mis ideas. Hay que salir de aquí. Tengo que salir de aquí de inmediato. Con las manos temblorosas, me pongo de pie, me subo las pantaletas sobre los muslos plagados de contusiones y me pongo lo que queda del sostén. Con un gemido de dolor, me agacho para recuperar los restos del vestido y me lo pongo. Luego, con paso sigiloso, salgo al exterior.

Entro al dormitorio sin preocuparme para nada del ruido que hago. Ahora ya no pueden atacarme. Recorro la cortina alrededor de la cama de Laurie y me lanzo sobre ella para despertarla sin ninguna consideración.

Le grito con una voz aguda y rasposa:

—¡Laurie! ¡Laurie!

Mi amiga se despierta con un sobresalto. Escucho que las otras chicas se despiertan; algunas murmuran de curiosidad y otras me dicen que vaya a hacer ruido a otra parte.

Laurie enciende la lámpara de su mesita de noche. Al ver el estado en el que me encuentro, cualquier rastro de sueño desaparece de su rostro.

—¿Em? ¡Em! ¿Qué te pasó? ¡Dime qué pasó! grita como loca.

No logro pronunciar ni una sola palabra. Miro hacia todos lados, asustada y perdida, como si estuviera en otra dimensión. Mis pensamientos estallan como fuegos artificiales en mi cabeza; no encuentro las palabras adecuadas para contar lo que acaba de suceder. Laurie toma mi cara entre sus manos.

—¡Em! ¡Mírame! ¡Concéntrate! me ordena alzando la voz como si supiera que tenía que hablar más alto para cubrir el ruido que traía por dentro.

Mis ojos se clavan en los suyos.

—¿Estás herida? ¿Te duele algo?

Muevo frenéticamente la cabeza. ¡Sí! ¡Me duele mucho!

—¿Qué te duele? insiste.

Con una mano agitada por los espasmos, señalo todo mi cuerpo de forma generalizada. Estoy sufriendo. Me duele todo.

—¿Fue Zack? ¿Zack te lastimó?

Laurie pudo deducirlo rápidamente. Seguro ella se imaginaba que Zack y yo terminaríamos la noche juntos, cuando ella se fue a acostar. ¿Cuánto tiempo había pasado desde entonces? ¿Cuánto les había tomado hacerme esto?

—¿Qué te hizo? ¡Dime, Emma! me imploró.

Veo que su mentón comienza a temblar. De pronto, con una lucidez que me sorprende, me dispongo a decirle las peores palabras de mi existencia:

—Me violó.

En cuanto las palabras escaparon de mi boca, tuve la impresión de escuchar una serie de pequeñas explosiones dentro de mi cabeza. Mi mundo se estaba viniendo abajo.

Hice que me violaran.

Laurie me suelta y se tapa la boca con la mano. Hice que me violaran

—¡Oh, no, Emma…

Hice que me violaran.

Me quedo allí, de rodillas al pie de su cama, jadeante. Sigo temblando, pero no tengo frío. En mi frente y en mi espalda siento que corre sudor.

Laurie suelta una respiración larga y profunda, y luego cierra los ojos. Intenta recuperar la cordura. Después toma su celular que está en su mesita de noche y presiona unas teclas rápidamente. Al cabo de algunos segundos, explica con una voz llena de llanto:

—Sí… eh… mi amiga… acaban de… acaban de violar a mi amiga.

Detrás de mí escucho que las chicas se amontonan alrededor de la cama. No me atrevo a mirar a la cara a todas esas curiosas por temor a leer en sus ojos: "era de esperarse"; "se lo advertimos"; "lástima, ella se lo buscó".

—Se llama Emma Delacruz. Estamos en el campamento "Alegría para todos"... ¿Qué? ¿Que ya los llamaron?

Laurie me lanza una mirada de interrogación.

—Ok... ¿Ya vienen en camino? Muy bien, los esperamos.

Yo no me muevo. Me quedo allí, de rodillas. De hecho, siento que están húmedas. ¿Acaso estoy sangrando? Es posible, pero no estoy segura. Experimento las cosas como si yo no estuviera dentro de mi cuerpo. Siento dolor y al mismo tiempo estoy anestesiada.

Mi amiga se sienta a mi lado y me rodea por los hombros con un abrazo protector.

—¡Fuera de aquí! ¡No hay nada que ver!

Entonces reconozco la voz de Emilie.

—¿Qué pasa, Laurie? ¿Hablaste con la policía?
—¡Eso a ti no te importa! responde mi amiga. ¡Largo! ¡Váyanse todas! Ven, Emma, tienes que ponerte unos zapatos.

Laurie me ayuda a sentarme. Yo la dejo, completamente dócil. No tengo la más mínima energía ni voluntad. Me pone unas sandalias, Enseguida, me rodea suavemente con el brazo como si yo fuera de porcelana y pudiera romperme. Pero ya estoy rota.

Con paso lento, avanzamos hacia la salida. Las chicas que estaban reunidas en torno a la cama de Laurie nos ceden el paso, moviéndose como una marea humana.

Afuera, los instructores llegan de todas partes en carritos o corriendo. Me señalan con sus dedos y se dicen secretos unos a otros. Tengo ganas de gritarles que me dejen en paz. Como si me hubiera leído la mente, Laurie se hace cargo.

—¿Qué? ¿Qué están viendo? ¡Déjenos en paz!

Su intervención no tiene ningún efecto. Prefieren quedarse allí para presenciar mi descenso al infierno. Demasiado tarde, se perdieron el acto principal del espectáculo.

Otro carrito llega a toda velocidad, seguido por dos coches de policía. Reconozco al señor Langlois, el director del campamento. Se acerca a recibir a uno de los policías que baja de su auto. Poco después, la agente viene hacia mí con las manos en la cintura y con actitud compasiva.

—¿Tú eres Emma Delacruz?
—¡Sí, es ella! Responde Laurie por mí.
—Muy bien, ven conmigo, me dice amablemente al mismo tiempo que me toma del antebrazo.

Me aferro a Laurie, presa del pánico. Mi amiga me sostiene a su lado como bestia salvaje.

—¡No! ¡Tengo que estar con ella!

—Vamos a cuidarla bien, promete la policía. El señor Langlois ya habló con sus padres y vienen en camino. Emma no estará sola. Pero tenemos que ir de prisa al hospital.

Laurie se suelta de mi abrazo de mala gana. Apoya su frente sobre la mía, me alisa el cabello y lo atora detrás de mis orejas, seca mis lágrimas y me sonríe a través de las suyas.

—Voy a tener que dejarte ir, ¿está bien, mi reina? Pero estoy contigo. Aquí estoy.

Me resigno y sigo el paso de la mujer policía. Tengo la impresión de caminar al lado de mi cuerpo, como si me estuviera viendo por fuera. No tengo ni idea de lo que me espera. A partir de este momento, ya no sé cómo será mi vida. Ya no sé quién soy.

De pronto, un grito me hace brincar. Volteo al mismo tiempo que la policía. Laurie corre como una loca con su pijama de ositos. Cuando veo sus puños golpeando en el aire, comprendo lo que pasa. Está atacando a Zackary, mismo que está custodiado por sus dos buitres.

—¡Eres un asco! ¡Cerdo! ¡Nunca creí que pudieras ser tan detestable!

Mi agresor ni siquiera se defiende. Laurie está hecha una verdadera furia. Alexis interviene rodeándola por la cintura y arrastrándola para intentar alejarla.

La policía nos aísla junto a su auto y deja todo el escándalo atrás.

—Soy la agente Ahmerst. Nos llamaron porque fuiste violada. ¿Es correcto?

Sus palabras caen sobre mí como una lluvia de ácido. Abro la boca para responder que sí, pero, esta vez de nuevo, no sale ni una palabra. Me repito a mí misma: "No, no es verdad. Esto no me está pasando a mí." Sin embargo, las pruebas están allí y son tangibles. Aprieto mis brazos contra mí a falta de Laurie. Necesito sentir que algo me sostiene. Si no, me voy a derrumbar y mi cuerpo va a perder todos sus pedazos.

Finalmente, a manera de respuesta, muevo la cabeza.

—Ok, linda. Te vamos a cuidar. Todo va a estar bien.

Me ayuda a sentarme en el auto y cierra la puerta. Mientras que ella y su compañero se instalan, mis ojos se pierden a través de la ventanilla. Por la luz de los faros de las patrullas de policía, parece que el campamento "Alegría para todos" está en llamas.

Justo antes de entrar al camino bordeado de árboles que me pareció tan hermoso a mi llegada, mi corazón se siente apretado como si alguien lo hubiera metido en una prensa. Mi mirada se cruza con la de Zackary y puedo ver una expresión indescifrable en su rostro. Solo hay un pensamiento en mi cabeza: "Te detesto, Zackary Nantel. Te odio mucho".
Mi mirada sigue fija en el lugar en donde se encuentra, pero su imagen pronto es reemplazada por árboles.

Me dirijo a la continuación de mi historia. Pero, ¿habrá realmente un *después de esto*?

***

Mientras que Alexis aleja de mí a la loca furiosa de Laurie, solo una idea cruza mi mente: "Te detesto, Emma Delacruz. ¿En qué mierdero me metiste?"

—¡Te dije que fueras a ver en los baños de la administración! dice Louis entre dientes.
—No tuve tiempo, ¿ok?
—¡Estamos jodidos! Mira toda la gente que está aquí. ¡Nos van a arrestar! dice Louis muy nervioso.
—¿Estás loco? responde agresivamente Simon. ¡Por nada regreso al centro!

Los interrumpo, harto de oír sus idioteces.

—¿Al centro? ¿Crees que todavía tienes edad para ir al centro? ¡Tienes veintiún años, idiota! ¡Lo que nos espera es la cárcel!
—¡Mierda! ¿Cárcel? murmura Simon con la voz agitada.
—¡Jamás! se rebela Louis. ¡Solo tenemos que decir que no le hicimos nada a la imbécil esa! ¡Como sea, es su palabra contra la nuestra!

Alexis salta como salido de la nada y le da un violento empujón en la espalda a Louis. Este se estrella en el piso mientras que Simon se lanza como un toro contra el tipo que nos metió hasta el cuello en la mierda. Qué raro. Simon siempre fue el más miedoso, solo nos seguía… pero es verdad que somos una banda desde el centro juvenil. Somos lobos de una manada que se protegen con ferocidad.

—¡Oye! ¡Cálmate! grita Simon.
—¿Cálmate? repite Alexis. ¡Yo vi todo lo que le hicieron! ¡Son unos ojetes, eso es lo que son! ¡No van a salirse con la suya! ¡Acabarán en prisión, se los juro!

El corazón me late a toda velocidad. Las amenazas de Alexis me llegan como latigazos. Nos habla con un tono duro y frío. El desprecio brota por cada poro de su piel y me salpica al mismo tiempo que nos lanza amenazas. Sus palabras resuenan dentro de mi cabeza: "No puede ser, esto no me está pasando a mí."

A lo lejos veo que Robert me señala con el dedo mientras habla con un policía. Éste avanza hacia nosotros con actitud determinada. Planto sólidamente mis pies en el piso y me preparo para el ataque.

Lo que pasó fue muy sencillo, oficial: es verdad, ella se debatió, gritó, me pidió que me detuviera. Y yo continué, porque eso que hizo es un fastidio de la peor especie, es la más perra de las perras. Desde que llegó aquí, lo único que hizo fue desfilar frente a mí y tentarme. Dijo "sí", luego dijo "espera". Luego siguió con su jueguito, "sí, sí quiero, pero me gustaría que primero nos conociéramos," "espera, hay unas raíces, me duele", y bla, bla, bla, todas las excusas de una princesa que juega a darse a desear. Pero entonces, con su vestido todo sexi, era verdaderamente un llamado a tener sexo. No era necesario ser Einstein para descifrar su mensaje. Me encendió como una antorcha y luego, cuando cambió de idea, me tenía que apagar como si fuera su marioneta. Allí ya no había forma de apagarme. ¡Tenía que aliviar mi urgencia, me hacía mucha falta! De cualquier forma, ella se va a recuperar. Ella misma se liberó. Le gustó. Pero es una maldita para admitirlo ahora. Se tiene que hacer pasar por la pobre víctima, para no "manchar su reputación". Las chicas son todas iguales. Manipuladoras y mentirosas. Les encanta andar de coquetas y se las arreglan para sacar lo que quieren, luego te clavan un puñal por la espalda y echan a andar la máquina de lágrimas.

—¡Es él, Zackary Nantel! escupió Alexis en cuanto el policía llegó a donde estábamos. ¡Y esos dos también! ¡Simon Bélanger y Louis Courtemanche!

—Muy bien. Los tres vienen con nosotros para tomarles su declaración en la comisaría.

Diez minutos después, unos diez policías llegan de refuerzo para subirnos en patrullas separadas a los tres. Una vez en el asiento trasero, pero solo allí, me atrevo a confesarme a mí mismo que de verdad estoy metido en la mierda.

14 de julio

1:45 horas

La patrulla de policía se detiene en el área de estacionamiento ubicada a la entrada del hospital. Una mujer está sentada en una banca frente a la puerta. Imposible no verla, a estas horas de la noche, es la única persona allí. En cuanto nos ve llegar, se levanta y acomoda su bolso sobre su hombro. Camina para abrirme la puerta y me hace un signo con la cabeza para invitarme a bajar. No sé quién es, pero obedezco.

Estoy allí parada frente a ella. Me estudia con sus dulces ojos cafés. De pronto, me siento sometida a una inspección, como para descartar algún defecto de fábrica, por lo que me abrazo a mí misma. ¿Qué quiere de mí? Tan pronto parece encontrar lo que busca, se presenta con una voz pausada:

—Hola, Emma. Me llamo Evelyne Brochu. Soy trabajadora social para el centro asignado por el hospital. Trabajo en conjunto con el equipo de profesionales que se encargan de las víctimas de agresiones sexuales. Voy a acompañarte en todo lo que sigue. Vamos a sentarnos para hablar tranquilamente de esto, ¿estás de acuerdo?

Comprendí muy vagamente lo que me dijo. Algunas palabras clave se me quedaron en la cabeza: "trabajadora social", "agresión sexual" y "estás de acuerdo en que hablemos". Supongo que sí. El trozo de una frase parpadea como un foco rojo en mi mente: "en todo lo que sigue". Suena como si una catástrofe fuera a abatirse sobre mí. Pero eso ya sucedió, ¿no?

Un escalofrío me recorre el cuerpo. Sin embargo, la sigo cuando se dirige al interior después de haberles asegurado a los policías que todo estaría bien.

Desde que pongo los pies en el pasillo, me agrede la intensa luz de neón instalada en el techo. Evelyne me guía rápidamente por los pasillos. Yo permito que se haga cargo de mí. Al menos, ella sabe lo que hace. Mientras que yo soy como la caja de un rompecabezas que han paseado sin parar, perdiendo muchas piezas en el camino. Ya nada tiene sentido.

A la vuelta de los largos pasillos, tropiezo contra unas enfermeras que van de prisa y algunos pacientes que esperan nerviosamente que alguien se ocupe de ellos. Todo va tan rápido a mi alrededor. Estoy mareada. Tengo la impresión de estar fuera de control dentro de mi propio cuerpo. Cierro los ojos en un intento de bloquear invasiones indeseables. A pesar de mí, el escándalo del ambiente me invade hasta el punto en el que daría cualquier cosa con tal de desaparecer. ¡Pff! Y sería el fin de esta Emma que no reconozco. ¿Quién es esa chica desconectada y borrosa que anda por allí y juega el papel principal en mi existencia? Ya no tengo ningún punto de referencia.

De pronto, una loca idea emerge entre otras que se atropellan en mi cabeza: huir. Huir de allí de inmediato. Y no volver jamás. No tengo lo necesario para luchar contra lo que acaba de ocurrirme. ¿Cómo podré *vivir* después de *eso*?

Y justo cuando estoy lista para alejarme de Evelyne y escapar, una mano tibia me detiene.

—Tienes ganas de salir corriendo, lo sé. Si lo deseas, yo lo haré contigo.

Me toma por sorpresa. ¿Cómo pudo leerme tan fácilmente? ¿Adivinar mis intenciones? Por un breve instante estoy tentada a aceptar su propuesta. Sin embargo, niego con la cabeza.

—Ok; aquí eres tú la capitana del barco. Yo solo estoy aquí para sostenerte. Al final todo va a salir bien, ya lo verás.

Lejos de estar convencida, me pregunto: "¿Cuándo?" verdaderamente no veo cómo va a salir todo bien.

Mis ojos se clavan en los de Evelyne y siento que sabe exactamente en qué estoy pensando. Se acerca a mí, se coloca a mi izquierda y rodea mis hombros con su brazo para apretarme contra ella. Es un abrazo breve, fuerte y firme, repleto de un valioso silencio. Cuando siente que estoy un poco más tranquila, sigue su camino y yo voy tras ella de manera casi natural.

Algunos metros más adelante, entramos en una habitación minúscula, amueblada con una mesa y cuatro sillas. Una caja de pañuelos faciales decora el centro de la mesa. Una vez que estamos sentadas, espero con aprensión que Evelyne se meta de lleno al tema. Sin embargo, se queda allí y me mira con una vaga sonrisa. Varios minutos transcurren en silencio. Luego, como si sintiera que es el momento justo, Evelyne se acomoda en su silla y me pregunta:

—¿Qué tal si nos conocemos un poco? ¿Qué te parece, Emma?

Balbuceo con voz ronca:

—Yo… yo… O-K-K…

—Voy a tomar notas, ¿está bien? Es para que los demás involucrados sepan lo que dijimos. Esto evitará que te hagan muchas veces las mismas preguntas. ¿De acuerdo?
—De… acuerdo.
—Bien. Tengo entendido que el campamento "Alegría para todos" es un lugar muy lindo, dice con su voz amable. ¿Trabajas allí?
—S… sí… soy… soy instructora.
—¡Súper! ¿Es la primera vez que estás lejos de casa por tanto tiempo?
—Sí… mis… p-padres estaban… un poco estresados…
—¡Es muy normal! ¿Imagino que fue algo nuevo para ellos y para ti?

Apruebo con la cabeza.

—¿Qué edad tienes, Emma?

—Diecisiete años.

—¡Oh! Ya veo. Supongo que empiezas la universidad en agosto…

Me derrumbo en llanto. Sin previo aviso. Durante algunos minutos, estuve en piloto automático, respondiendo preguntas, porque eran simples. ¿Pero la universidad? Súbitamente ese futuro inmediato me parece tan lejos e inaccesible. Un punto nebuloso en un horizonte opaco y mediocre.

—Déjate ir, Emma, eso te hace mucho bien.

De pronto, me enojo contra ella. Siento que solo dice tonterías.

—¡No! ¡No va a estar todo bien! ¡Nunca volverá a estar bien! ¡Estoy furiosa! ¡Los detesto por lo que me hicieron! ¡Me quiero morir! Soy tan… tan… tan… estúpida… que rechino los dientes y me doy de golpes en la cabeza.

—¡Emma! ¡Mírame! interviene Evelyne con tono firme. ¡Emma!

Perdida en mi entorpecimiento, accedo a su petición. Pero no comprendo. ¿Por qué quiere que pare? ¡Soy tan estúpida!

—Emma, estás muy lejos de ser estúpida, continúa más suavemente esta vez. Eres muy fuerte. Y yo estoy aquí para ayudarte a que sigas siéndolo.

Como si no hubiera escuchado una sola palabra de lo que acaba de decirme, me pongo a gemir:

—¿Por qué me hicieron esto? Yo no quería que fuera así... yo no quería que pasara eso...

Nuevo llanto. Muy pesado. Tan pesado que me desgarra el alma.

Evelyne me pone enfrente la caja de pañuelos.

—Emma, quiero que sepas que yo no estoy aquí para juzgarte, agrega con una voz llena de infinita bondad. Quiero apoyarte y guiarte en esta difícil situación. Eso es lo que yo quiero hacer, si tú me das permiso. Pero tú, ¿cuáles son tus expectativas con respecto a todo esto? ¿Qué quisieras que yo te ayude a hacer?

¿Cuáles son mis expectativas? Miro mis uñas rotas y sucias. Me pongo a triturar las que me quedan y mi mentón comienza a temblar. Lo que tengo ganas de hacer, en este momento, es cortarle la cabeza a Zackary y verla rodar en el lodo, una y otra vez.

Me escucho responder finalmente:

—Quiero que paguen... quiero... quiero que se pudran en una prisión...

Ok, Emma. Entonces, si entiendo bien, esperas denunciarlos ante la policía. Voy a ayudarte con los trámites, si eso es lo que deseas realmente.

—Sí, eso es lo que quiero, digo sin la menor duda.
—Muy bien. Sin embargo, tendrás que tomar en cuenta lo siguiente: hay muy pocas condenas; si fuera el caso, a menudo las penas son mínimas y los procesos

judiciales que llevan a una eventual condena son muy pesados. No intento disuadirte. Quiero simplemente que lo sepas y que estés consciente de la realidad.

Parpadeo varias veces de incredulidad, horrorizada. ¿La condena es solo una posibilidad? ¿Una pena mínima?

—Evelyne, él me hizo esto, lo juro. Ellos me lo hicieron. ¡Y… hay… hay un testigo! exclamo recordando de pronto esa información crucial. ¡Alexis! ¡Sí! Estoy segura de que atestiguará a mi favor, porque…

Me interrumpo bruscamente con una extraña sensación en el corazón. ¿Por qué tengo que intentar convencer a alguien de lo que me ocurrió? ¿Las pruebas de mi cuerpo no son evidentes, no gritan la verdad?

—Emma, por favor, cálmate.
—¿No me crees?… resoplo. ¿Eso es? ¿No me crees? repito. ¡Mira! ¡Mírame! Mi vestido está desgarrado, estoy cubierta de moretones y raspones. Mis pantaletas siguen húmedas con su esperma… sus manos deben seguir marcadas sobre mis nalgas. Yo…

Mi pecho se agita con un espasmo. Siento que me voy a desmayar.

—Emma, me interrumpe Evelyne al mismo tiempo que se levanta para poner sus delicadas manos sobre mis hombros. Cálmate, por favor. Cálmate.

Hunde sus ojos en los míos y, con la fuerza de su espíritu, parece capaz de controlar mi respiración. El movimiento de mis hombros sigue el ritmo de los suyos, tranquilo y casi regular.

Una vez que logra tranquilizarme, continúa:

—Yo no estoy aquí para determinar lo que es cierto y lo que es falso. Yo te creo cuando me dices que esos tres te agredieron. Te creo, Emma. Quiero respaldarte, ¿ok?

Ella me cree. Sabe que viví un horror. Todo va a estar bien, ella me va a ayudar. Después de una larga exhalación agitada, me dejo caer pesadamente sobre su hombro. Nos quedamos así un largo rato sin decir nada. Me abraza cariñosamente. Es todo.

Al cabo de algunos minutos, nos sentamos de nuevo.

—¿Podrías darme un poco de agua?

Evelyne pone una mano sobre la mía.

—Depende… lo lamento, Emma… pero, si hubo penetración en tu boca, el agua podría borrar las pruebas… y si quieres hacer una denuncia, vas a necesitar esas pruebas.

Hago una seña de que no. No me penetraron por la boca. Me ahorraron *eso*…
Evelyne abre su bolso y saca una botella de agua para dármela.

—¿Sabes lo que es un estuche forense? agrega. No estás obligada a usarlo, pero te será de utilidad si

quieres hacer una denuncia, lo cual parece ser el caso
en este momento. Este estuche es como un "estuche de
útiles". Contiene todo el material necesario para una
intervención médica y legal, con el fin de respaldar tu
declaración. Aporta elementos que van a sustentar tu
acusación. Al mismo tiempo, es un método para cuidarte. Gracias a las muestras que se toman, más adelante
podremos asegurarnos de que no estés embarazada o
no hayas contraído alguna enfermedad de transmisión
sexual a causa de las relaciones sexuales forzadas. También queremos asegurarnos de que no tengas heridas
que requieran cuidados inmediatos o a largo plazo.

—Cuando hablas de muestras, quieres decir…
—Sí, es justo lo que estás pensando. Quiere decir
que van a tomar esperma de tu vagina o de tu ropa,
por ejemplo.

Trago saliva con dificultad.

—Y… y si digo que sí, ¿eso me ayudará a ponerlos
tras las rejas?
—No. El estuche solo sirve para aportar elementos
adicionales, no garantiza que haya una condena. Tienes
que ser muy consciente. Todo dependerá del juez. Tiene
que estar convencido, fuera de toda duda razonable,
de que la agresión haya tenido lugar.

—Y si… si decido denunciarlos, ¿acaso… tendré
que ir a la corte… y volver a verlos?
—Es probable, confirma suavemente. Pero tendremos tiempo para prepararnos. Espera, te voy a hacer
un diagrama para que quede bien claro.

Evelyne arranca una hoja de su cuaderno y acerca su silla a la mía.

—Primero viene la denuncia ante la policía, y en ese momento toman tu declaración. Después viene la investigación policiaca. Si aún no han sido arrestados, Zackary y su banda serán detenidos e interrogados, tal vez con algunas condiciones, antes de la comparecencia. Luego procederán a la investigación como tal. Tomarán en cuenta tu declaración, el estuche y las declaraciones de los testigos. Cuando termine la investigación, pasarán a la denuncia, anotó en el papel. En el fondo, las acusaciones serán las que pesen sobre tus agresores; se asegurarán de que tengan las pruebas suficientes para arrestarlos, si no es que eso ya se hizo. Entonces procederemos a la comparecencia, momento en el que podrías enfrentar de nuevo a tus agresores, pero no estás obligada a presentarte en esa etapa. Los acusados conocerán los cargos que se presentan contra ellos, y podrán declararse culpables o inocentes. En eso momento es cuando se decide si serán detenidos o no, hasta la audiencia preliminar. ¿Está claro hasta ahora?

Asiento con la cabeza.

—Sé que es mucha información, pero ya casi terminamos. Si se declaran inocentes, habrá una investigación preliminar. Ese es el momento en el que los acusados preparan su defensa y allí es cuando pueden llamarte a testificar. Hay muchas posibilidades de que el abogado defensor quiera hacerte preguntas acerca de tu testimonio. Esta parte puede resultar muy difícil, porque su objetivo será el de desacreditarte y crear dudas en la mente del juez. Enseguida...

—Para, por favor, ya no te entiendo..., la interrumpo al mismo tiempo que me sostengo la cabeza con las dos manos. Y... y... ¿si digo que sí al estuche Forense, eso sería en este momento?

—Debemos hacerlo lo más rápido posible. Podríamos esperar, pero no más de cinco días, porque algunos rastros biológicos dejados por los agresores van a desaparecer. El proceso en torno a la intervención médica y social no es fácil, Emma. Pero si quieres hacerlo, yo estoy contigo.

De golpe, lo lamento. No puedo borrar lo ocurrido, pero lamento profundamente el enredo en el que me encuentro. Le hubiera dicho a Laurie que no llamara a la policía. Mejor dicho, hubiera negado todo cuando la policía llegó. Así, no hubiera terminado aquí, torturándome con las preguntas más complicadas y dolorosas de mi existencia.

Froto mis manos sobre mis piernas, encima de mi vestido rojo, sucio y maltratado. Luego, lo digo sin más, como para obligarme a cumplir mi palabra:

—Ok, lo voy a hacer. Voy a denunciar y voy... a hacer los análisis para el estuche.

2:27 horas

Camino de un lado al otro. Siento que hace varias horas que estoy aquí. Sin embargo, cuando veo mi reloj, me doy cuenta de que solo han pasado cuarenta y cinco minutos.

Un hombre pasa por el pasillo. Lo veo a través de la ventanilla de la minúscula habitación en la que me encuentro. Toco en el vidrio para que me escuche:

—¡Oiga!

El hombre me dirige una mirada cínica antes de abrir la puerta.

—¿Qué? me pregunta.
—¿En dónde está mi abogado? ¡Hace horas que lo espero!
—Llegará cuando llegue, ¿Ok? Mientras yo tengo otras cosas que hacer.

Luego de estas palabras, me cierra la puerta en las narices. ¡Mierda, mierda y más mierda!! Empiezo a estresarme realmente. Sobre todo, por estos tipos. Y aún más a causa de Simon. Podría reventar en cualquier momento y hundirnos más. ¡Carajo! Ni siquiera tuvimos tiempo de ponernos de acuerdo sobre nuestras versiones de los hechos.

Espero que llegue Richard. Tiene que sacarme de este lío en el que me metí. Richard Lafrance es mi abogado desde hace tiempo. Más que eso: lo considero un gran amigo. Desde el inicio de mis problemas legales, siempre ha estado a mi lado. Conoce mi historia de la A a la Z. Siempre me decía que tenía esperanzas de que me convirtiera en un buen chico. Es más, le había prometido que me portaría bien luego de mi última entrada al centro juvenil. Va a estar decepcionado, está claro. Eso me caga.

Casi instantáneamente, me transporto a hace casi seis años. Tenía quince años. Entraba al centro juvenil por vez número "x", y en esta ocasión acompañado de un castigo mucho más estricto. Por lo tanto, cero derecho de salir. Encerrado las veinticuatro horas, los siete días. Iba a tener que soportar a los trabajadores sociales y sus malditos programas intensivos de readaptación. Siempre supe que todo eso era pura mierda. La prueba, miren en dónde estoy. De todas formas, con mi infancia jodida, ¿cómo podría haber sido diferente?

Para mí, las mujeres sirven para una sola cosa: coger. Incluso si los sicólogos que llevaban mi caso trataron de meterme lo contrario en el cráneo…

En el lugar en donde crecí, las chicas eran todas así. Eran del tipo que le abrían las piernas al primero que pasaba. La peor era mi madre. Para putas, no había como mi progenitora. Perdí la cuenta de las veces en las que un tipo se la cogió delante de mí. Se drogaba tanto, que a veces chillaba o se fumaba un cigarro mientras se la cogían, con la mirada perdida en el techo. Demasiado perdida para darse cuenta de que su hijo de seis años, luego de siete, de ocho, etc., asistía a esos espectáculos porno en vivo, luchando para no vomitar de vergüenza.

A la edad de diez años, tomé una decisión: jamás me volvería como ella, mi miserable y puta madre. Yo sería el otro. El que decide, el que manda. Nunca sería una puta dejada.

Emma confirmó lo que yo creía: todas las mujeres son como mi madre, si ninguna excepción. Solo que jamás pensé que una de ellas me metería tanto en la mierda…

14 de julio

2:58 horas

Mientras que Evelyne me guía hacia la sala de exploración, considero el peso de la decisión que acabo de tomar. El hecho de denunciar tendrá una incidencia en las vidas de varias personas: la mía, pero también en las de Zackary, Simon y Louis. Tal vez por mi culpa van a volver a estar tras los barrotes y les quitarán sus privilegios de libertad. Quisiera decir que siento una punzada en el corazón, pero sería una mentira.

Perdida en mis pensamientos, escucho unos pasos rápidos detrás de mí. Alguien corre. En cuanto me volteo, me encuentro con el calor de los brazos de mi madre.

—¡Emma! ¡Emma! ¡Ya estoy aquí!

Mi corazón da un salto en mi pecho. De golpe, me siento un poco mejor; casi a salvo. Me abandono en el abrazo salvaje de mi madre. Necesito que alguien me sostenga fuerte para mantener los dos pies sobre la tierra.

Si no, podría perderme y no volver nunca más. Papá llega con nosotras y nos abraza. Encuentro mi capullo, ese en el cual siempre me he sentido bien y protegida. Jamás hubiera creído que algo así podría pasarme.

Mi madre se aparta finalmente y dice:

—¿Quién es el responsable aquí? ¡Quiero denunciar de inmediato!

Evelyne avanza e intenta tranquilizarla.

—Su hija ya tomó su decisión en ese sentido, señora Delacruz. Es muy valiente, a pesar de la prueba que acaba de pasar. De todas formas, un investigador tiene que estar al tanto de su caso y…

—¡Cada segundo cuenta! Emma tiene que dar su versión de los hechos cuando la información aún está fresca en su cabeza. ¡Ese criminal tiene que responder por sus actos!

—Eso es lo que todos queremos, interviene mi padre con el tono plácido que lo caracteriza. Disculpe si mi pregunta le parece brutal, pero, ¿quién es usted?

—Me llamo Evelyne Brochu, dice mientras le tiende la mano a mi padre. Soy la trabajadora social designada del hospital. Desde el momento en el que se reporta una agresión sexual, yo me hago cargo y le doy seguimiento.

—De acuerdo… y ahora… ¿qué va a pasar?

Evelyne resume a mis padres lo que acaba de explicarme detalladamente y luego concluye con una bomba:

—Aunque ustedes no estén implicados en la agresión, tengo que informarles que la ley me obliga a dar parte a la dirección de protección al menor, ya que Emma es menor de edad.

Mis padres se sobresaltan y exclaman a coro: "¿Qué?; ¡No! ¡De ninguna manera!"

—Por favor, señor, señora. Solo queremos asegurarnos de que cualquier peligro para la víctima sea descartado. Es el procedimiento habitual. Puedo ver que Emma tiene su apoyo incondicional y que ustedes harían todo para protegerla. Por lo tanto, no tendrían de qué preocuparse, tienen mi palabra. En su caso, no es más que una formalidad.

Mi madre se ajusta su chamarra, sin duda aliviada de que nadie ponga en tela de juicio sus capacidades parentales.

—Bueno. Vayamos entonces a la investigación médica y legal. ¿A dónde es? Se pregunta, como dando por hecho que ella es parte de esto.

Mi cuerpo en seguida se pone rígido y seguramente emite una alarma perceptible para las trabajadoras sociales con experiencia, ya que Evelyne voltea hacia mí.

—¿Estás tranquila con eso, Emma?

Mi madre no parece cuestionar ni por un instante la necesidad de su presencia en esas pruebas. Somos mujeres y ella es mi madre, por lo tanto, es natural que ella debería de estar a mi lado. Pero yo no tengo ganas de que mi madre me vea así. Ya de por sí me siento suficientemente avergonzada de que me hayan encontrado en mi estado actual… la simple idea de que sepa que fui violada me aplasta el corazón. El hecho de que pueda imaginarme en el momento de la violación me trauma. No puedo. No puedo permitir que ella se impregne también de las imágenes que me torturan. No quiero que ella se invente escenarios a partir de las marcas que verá en mí…

—¿Por qué no dices nada, mi niña?

Bajo la cabeza sin responder. No sé cómo decirlo sin herirla.

—Creo que puedo entender que Emma tiene dudas, señora Delacruz, interviene Evelyne.
—¿Qué dudas? repite mi madre como si fuera la idea más absurda que hubiera escuchado jamás. ¿Emma? pregunta de nuevo.

—Yo… prefiero ir sola, mamá.

Mi madre suelta una exhalación corta y voltea a ver a Evelyne en busca de una solución para ese "problema". Sin embargo, no hay razones para romperse la cabeza. Ella no puede estar presente.

—¡Todavía es menor de edad! ¡Tengo que estar presente!
—Emma tiene más de catorce años. Puede recibir atención médica sin que usted esté en la habitación y sin su consentimiento, le informa Evelyne con tono firme, pero siempre bondadoso.

Mi madre parece quedarse sin palabras. Sus ojos se nublan con lágrimas. Me rompe el corazón ponerla en ese estado. Avanzo hacia ella con paso dudoso. Me ofrece una tenue sonrisa y toma mis manos.

—Estaré del otro lado de la puerta por si me necesitas, ¿de acuerdo?

Sus últimas palabras son casi inaudibles por los sollozos que te funden el alma.

4:51 horas

Luego de una hora de angustia y espera, acabo de escuchar que me llaman. Antes de levantarme, murmuro con voz apagada:

—Mamá, tengo miedo.

Ella aprieta mis manos con mucha fuerza.

—Lo sé, lo sé, dice aferrándose a mí, rehusándose a soltarme. Pero debes hacerlo para que ese chico pague por su crimen.
—Oh, mamá…

Sueño con que ella esté bien, protegida por la ignorancia de lo que *realmente ocurrió* en esa cabaña. Quisiera decirle que no fue solo un chico. Que fueron tres. Pero las palabras se quedaron atoradas en mi garganta, como cuchillas filosas que me rebanan la voz en dos. Evelyne me espera delante de la puerta y nos interrumpe. Ya es hora.

—No se preocupe, señora Delacruz, dice para calmarla. No trato de sustituirla, ese no es mi papel. Voy a quedarme con Emma durante los exámenes y se la traeré de vuelta en cuanto terminen.

Mis padres me ven por última vez con una mirada perdida y los ojos rojos. Luego entro en la habitación sin tener la menor idea de lo que me espera.

La habitación es estrecha pero funcional: una mesa de exploración, un banco con ruedas, una silla, un mueble con un lavabo. Evelyne tiene que hacerse a un lado para poder cerrar la puerta.

—Voy a cerrar la cortina para que te pongas esto, me indica al mismo tiempo que me da una bata azul. Te quitas toda tu ropa y la pones en esta bolsa de papel. Nicole, la doctora, decidirá qué quiere conservar. Tus padres te trajeron más ropa. Ahora sí ya no tardaremos mucho. Ella va a venir a explicarte lo que sigue.

Tomo la bata de sus manos y me cierra la cortina. Aliviada por la apariencia de soledad, coloco la prenda sobre la mesa. Por un momento, me le quedo viendo sin hacer el más mínimo movimiento. Una extraña impresión de invade. Un sentimiento de irrealidad que me dice que no estoy realmente aquí, viviendo este extraño momento.

Me agacho mecánicamente para quitarme las sandalias que Laurie me puso en los pies. Una fuerte punzada de dolor me recorre toda la espalda y me corta la respiración. No puedo evitar un gemido.

—¿Estás bien, Emma? ¿Necesitas ayuda?

Muerdo mis labios para reprimir una nueva queja y le respondo a Evelyne con voz ronca:

—No… gracias.

Me doy una pausa antes de bajar el cierre de mi vestido. La tela roja se desliza hasta el piso. Un ligero roce sobre mi piel, sin embargo, no lo aguanto.

Me quito la ropa interior, completamente manchada, además de seguir todavía húmeda. Mi sostén tiene unas manchas negras estiradas que me recuerdan los dedos que tocaron mis pechos sin mi permiso. Un sentimiento de vergüenza me envuelve y con mucha prisa meto mi ropa en la bolsa.

Me coloco la bata y me siento sobre la mesa de exploración. Debajo de mis nalgas, un papel encerado se arruga y hace un ruido del infierno. Imagino que, para Evelyne, eso significa que estoy lista, entonces abre la cortina.

—Nicole debe llegar enseguida, me informa. Es una mujer encantadora, ya verás.

Como por arte de magia, la puerta se abre y aparece una mujer pequeñita y de unos cincuenta años que parece llena de confianza. Me sonríe calurosamente.

Ya está, ahora sí no puedo echarme para atrás.

—Muy bien, hermosa. Me llamo Nicole. Soy médico con experiencia en agresiones sexuales. Tu nombre es Emma, ¿verdad?

Afirmo con la cabeza e intento tragar saliva. Siento que tengo la garganta llena de navajas.

—Bien. ¿Imagino que Evelyne ya te explicó en qué consiste la intervención médica y legal? (Nuevo movimiento de cabeza). Perfecto. Entonces intentaré evitar repetirlo. Pero, según la ley, tengo que asegurarme que comprendes bien lo que vamos a hacer para tener tu consentimiento. Las muestras se conservarán por un periodo de al menos catorce días, Por muestras, me refiero a tomas de sangre y análisis de orina. Tendré que pasar un cepillo por dentro de tus mejillas. Esa muestra servirá para establecer tu perfil genético y diferenciarlo del de tus agresores, si es necesario. También tendré que pasar un hisopo por el interior de tu vagina y de tu ano…

Sacudo enérgicamente la cabeza. Me imaginaba lo que querían decir "muestras". Y eso que Evelyne me había informado sin ahorrarse nada. Pero esto, con palabras tan claras y precisas, me hizo perder el norte. Mi brújula mental de por sí estaba vuelta loca desde hacía unas horas. De pronto, tuve la impresión de estar atrapada en un tren descarrilado. Mi pecho se cerró. Los rasgos de Evelyne y Nicole se volvieron borrosos. Me ahogaba. Sentí que moría. Tengo que salir de aquí.

Me bajo de la mesa de exploración y me dirijo hacia la puerta tambaleándome.

—Respira, Emma. ¡Estás en pleno ataque de pánico! Relájate, todo va a estar bien, me dice Evelyne. Nicole no hará nada que tú no le permitas.

Apoyada contra la puerta, comienzo a respirar más lentamente y me calmo un poco. Me doy cuenta de que ninguna de las dos mujeres intentó detenerme. Me siento débil y vacía. No estoy suficientemente fuerte como para correr. Tampoco lo suficiente como para quedarme. Es la nada. Yo *soy* la nada.

—Vamos a ir a tu ritmo, Emma. Sin embargo, es un paso obligado si quieres que utilicemos el estuche Forense, me explicó amablemente Nicole. Estoy lejos de saber lo que sientes en este momento, pero he conocido suficientes chicas en tu misma situación como para saber que es muy difícil.

Con la barbilla temblorosa, observo a las dos mujeres de actitud compasiva. Ellas lo único que quieren es ayudarme, lo sé bien. Regreso a sentarme sobre la mesa, muda como una carpa.

—Vamos… para terminar pronto…

Evelyne avanza hacia mí. Esta vez no la veo. Tengo la mirada fija en el muro blanco detrás de ella.

—Si hay cualquier cosa, Emma, has una seña y Nicole detendrá todo. Estamos aquí para ti.

Escucho que la doctora se pone los guantes de látex y prepara los instrumentos. Mi cerebro no para de contraerse y dilatarse, como si fuera a estallar de un momento a otro.

—Bueno, vamos a empezar, Emma. Ten muy presente que tú eres la que controlas la situación. Si hago algo que te haga sentir incómoda, dímelo de inmediato, ¿de acuerdo?

Mi silencio parece pasar como un "sí", porque continúa:

—Vamos a comenzar con lo más simple: las muestras bucales. Abre tu boca para mí, por favor.

Obedezco. Frota el interior de mis mejillas con la ayuda de lo que parece ser un cepillo de dientes miniatura. Siento que soy una criminal.

Ya puedes cerrar la boca, Emma. Ahora te voy a hacer algunas preguntas delicadas, pero necesito que las respondas para saber qué muestras debo tomar. No las tomaré todas si no son necesarias. También voy a tomar notas para el expediente. No pasa nada si no recuerdas todos los detalles ahora o si tus recuerdos son algo difusos. ¿Está bien?

No, en realidad no. Pero contesto que sí con la cabeza.

—¿Hubo algún contacto genital-oral, con o sin condón?

Primera pregunta y mi corazón ya perdió un latido. ¡Es tan difícil abrirse así, delante de puras desconocidas!

—Es el procedimiento, Emma, me recuerda suavemente. Va a ser una larga serie de preguntas como esta. Es una prueba bastante *dura*. Pero después, ya acabamos.

Bajo la cabeza.

—No.

—¿No hubo contacto genital-oral o no hubo condón? Es importante ser precisas. Las muestras que debo tomar dependen de tu respuesta.

—No. Nada de eso… solo… solo nos besamos ante de que… antes de que él…

Me detengo en ese momento, con la garganta hecha nudo por el asco que siento por mí misma. Esa confesión me destroza. Es como si yo dijera: "sí, le di una razón a ese tipo para ir más lejos y para obligarme. Porque antes de que todo se convirtiera en un drama, yo lo besé. Y lo hice con pasión. Lo desee." Estúpida, Emma. Estúpida, estúpida, estúpida. Me rasco nerviosamente la cabeza.

—Ok. Para las siguientes preguntas será lo mismo. Quiero saber si hubo contacto, poco importa de qué forma. Con los dedos, con las manos, ¿pasó algo preciso alrededor de tu boca, de tu vulva o de tu ano?

—Zackary… chupó sus dedos para ponerlos en mi… clítoris… y fue… Louis… Louis fue el que…

Me retuerzo sobre el papel encerado. ¿Por qué tengo la impresión de que estoy pasando un interrogatorio, como si tuviera algo que reprocharme, como si fuera una mentirosa? ¡Son ellos los que deberían de ser interrogados, no yo!

Levanto la cabeza para evitar que mis lágrimas caigan y miro fijamente al techo avergonzada. No hay manera de que vea a Nicole a los ojos mientras le contesto.

—Louis… me sodomizó con un dedo… y él… después con varios dedos… o tal vez era su pene, no sabría decirlo… yo… ya no me acuerdo. No creo que se haya puesto condón…

Ella tomó notas sobre una hoja sujeta a una tabla.

—¿Y tus senos? ¿Alguien puso la boca sobre tu pecho?
—No… solo… solos las manos. Yo… y no recuerdo.

"Solo las manos", repito para mí misma. Va a pensar que no fue gran cosa en realidad. Quisiera reponerme un poco antes de que ella me clasifique, pero ya pasó a otra cosa.

—¿Solamente hubo penetración anal?

En mi cabeza está la evidencia misma. ¡Claro que no! No *solo* hubo penetración anal. Todos se aprovecharon con todas las fuerzas. Incluso si… eso ya sería terrible… me siento insultada por su pregunta, como si yo fuera la culpable. Sin embargo, siento que mi boca se abre para murmurar:

—No… fue Zackary el que…
—¿Eyaculó?
—En mi… aquí… balbuceo y señalo la parte baja de mi vientre con un dedo tembloroso.
—¿Nada en el ano?
—No creo…
—¿Hubo eyaculación en alguna otra parte de tu cuerpo?

—No… Simon me sostenía de las manos y veía…

A todas las demás preguntas respondí con una negativa: "¿Te lavaste? ¿Te diste una ducha vaginal? ¿Orinaste? ¿Defecaste?" No, no, no y no.

—Ahora vamos a hacer un examen físico. Voy a necesitar que abras tu bata. Voy a examinarte y a apuntar mis observaciones sobre un dibujo anatómico. Es para hacer el inventario de tus heridas, si es que hubiera alguna.

Veo la hoja que me enseña. De hecho, son dos documentos. El primero ilustra la vagina y el ano, representados de frente. En el segundo se encuentra el cuerpo de una mujer visto de frente, y luego de espaldas. Nicole va a dibujar el mapa de mi agresión. Va a registrar y a encontrar las marcas que están grabadas en mi carne, de por vida. Porque aún si el tiempo las borrará, yo sabré que están allí. Serán permanentes en este cuerpo que está sucio y ya no me pertenece. Este cuerpo que ha cometido la mayor de las traiciones. Es seguro que no es mío. Si fuera mío, no me sentiría como una extraña adentro de este ridículo traje de carne.

—Lo haré rápidamente, te lo prometo. Puedo ver que hay muchos moretones. Nos vamos a encargar de curarte, Emma. Vamos a hacer todo lo que podamos para ayudarte a aliviar tu sufrimiento.

Nicole ejecuta su trabajo minuciosamente y lo más rápidamente posible. Revisa mi cuerpo de la A a la Z. Cabeza y rostro. Boca y garganta. Cuello y senos. Corazón y pulmones. Tórax y espalda. Abdomen. Miembros superiores e inferiores.

—Emma, vamos a pasar a la etapa de las muestras. Recuéstate por favor y coloca tus pies sobre los estribos.

Muevo mis piernas pesadas y doloridas. Mi cuerpo está tan adolorido que Nicole tiene que ayudarme.

—Muy bien, está perfecto. Eres muy valiente, Emma. Voy a ir a sentarme y voy a meter el especulo. Eso me va a permitir tomar mejor las muestras.

Nicole se sienta en el banco con ruedas, entre mis piernas. Me siento terriblemente expuesta. Vulnerable. Humillada. Otra vez. Un *flashback*. Zackary encima de mí, violándome. Entre un jadeo le pido:

—¡No, para!
—Espero a que tú me digas, Emma. Cuando tú estés lista.

Cubro mi cara con mis manos y muevo suavemente la cabeza, sin poder parar de llorar. ¡Es una verdadera pesadilla! ¿Qué demonios hice para llegar hasta aquí? ¡Si soy una buena persona!

Además de mi llanto, no se oye otra cosa más que el tic-tac del reloj que me recuerda que la vida sigue transcurriendo. Sin embargo, tengo el vivo sentimiento de que se detuvo en el momento en el que entré a la cabaña.

Los minutos pasan y Nicole sigue esperando y respetando mi ritmo. Evelyne aprieta mi mano derecha entre las suyas, comunicándome su calor y su compasión. De golpe, siento que me entra una urgencia. Hay que acabar lo más pronto posible. Si no, voy a morir sobre esta mesa.

Digo decididamente:

—Estoy lista.
—Muy bien, hermosa. A la de tres voy a meter el especulo. Una… dos… tres.

Inhalo profundamente, como si me sumergiera en un mar agitado. Me siento de plano como si viviera una nueva agresión. Salvo que, esta vez, yo di mi consentimiento, por mi bien. Entonces, ¿por qué éste malestar?

Un nuevo *flashback*. Escucho que Louis presume de haber sido el primero en "desvirgarme del culo." A mi pesar, aprieto las nalgas.

—Necesito que te aflojes un poco. Ya casi terminamos, Emma. Todo va a estar bien.

No encuentro nada que decir. Para mí, ya nada va a estar bien.

Listo, terminamos, dice mientras retira el especulo. Lo hiciste muy bien. Ya tenemos la muestra vaginal.

Tomo una gran respiración cuando siento de nuevo el especulo que entra en mí.

—Ahora un hisopo. Es como un Q-tip, pero un poco más largo.

La sensación del cotonete es un poco más suave. Sin embargo, en mi cabeza, parece igualmente intrusivo que los dedos que entraron en mi a la fuerza.

—Ahora te haré un lavado vaginal y enseguida aspiraré todo.

Un líquido frío se expande en mí, y unos segundos más tarde, una bomba emite unos gruñidos que dan escalofríos.

—Tienes muchas laceraciones. Voy a recetarte una crema para eso, ¿de acuerdo? Ya puedes sentarte, bonita. Terminamos esta parte.

Mientras me ayuda, continúa haciéndome preguntas.

—¿Has tenido relaciones sexuales en los últimos días? Te hago esta pregunta para saber si hay varios ADNs. Y también para la prueba de embarazo. ¿Existe la posibilidad de que puedas estar embarazada?
—Ninguna...
—Muy bien. Solo faltan las pruebas de sangre y orina, luego estás libre.

¿Libre? Qué buena broma. Soy prisionera de la noche más larga de toda mi existencia.

14 de julio

Al volver a casa, el silencio nos acompaña. Las pesadas palabras sin decir.

Después de la inspección médica, Evelyne me explicó que me llamarían para darme los resultados. Para ver si contraje alguna ETS o si estoy embarazada. En caso de que así fuera, me dieron la píldora del día siguiente. Estoy tan desconectada de mí misma, que incluso la amenaza de VIH o de un embarazo me tienen sin cuidado. Un investigador se pondría en contacto conmigo para hacer una cita para mi declaración. Evelyne me aseguró que tendríamos tiempo para vernos antes de eso. Que, además, ella me ayudaría a volver a poner en orden mi cabeza. No sé si eso sea posible...

Sin decir nada, subo a mi habitación. Mis padres tampoco intentan retenerme. Solo tengo una idea en la cabeza: darme un baño. Aunque mis padres me llevaron ropa limpia, me siento asquerosamente sucia. Tal vez es porque lo estoy. Está toda la suciedad que puedo ver, pero también todas las manchas invisibles, en el interior. ¿Cómo le hace uno para deshacerse de esas?

Escucho que mis padres están en la entrada y discuten en voz baja. No se necesita ser adivino para saber que están hablando de mí. Algo se rompe y papá se pone a hablar en español. Desde que tengo uso de memoria, siempre ha usado su lengua materna, misma que he ido aprendiendo, cada vez que tiene que reconfortarnos. Al abrir la puerta del baño, escucho un llanto. Pero no la dejo abierta el tiempo suficiente como para escuchar bien lo que pasa. De todas formas, me lo imagino.

Cuando entro en la regadera, abro la llave de agua fría y me deslizo pegada a la pared bajo el chorro glacial. El agua está tan fría que duele. Pero de eso se trata. Siento como si estuviera dentro de un frasco de pegamento del cual es imposible salir. Me quedaré pegada para siempre. El hecho de que Zackary y sus amigos me hayan visto desde todos los ángulos me repugna hasta más no poder. Ya no hay ningún misterio ni magia por descubrir en mi cuerpo. Nada más por descubrir en *mí*, Emma Delacruz. Tengo un violento sentimiento de vergüenza y de agotamiento.

Al cabo de unos minutos, agitada por el temblor, me enderezo y agarro el jabón para deslizarlo lentamente por mi cuerpo magullado. Enseguida me lavo el cabello largamente y dejo correr la espuma sobre mí, debajo del chorro de agua, ahora caliente, que me golpea con fuerza.

Nuevos *flashbacks*. Mi vestido desgarrado. Zack que permite que Louis haga lo que quiera conmigo. Sus dedos en mi vulva. Una lengua en mis senos. Muevo salvajemente la cabeza para hacer desaparecer esas asquerosas imágenes, pero no lo logro. Comienzo a dar golpes sobre la pared de cerámica, como si eso me pudiera permitir sacar todos esos horrores de mi espíritu. Pero nada sirve. Decido entonces atacar la fuente de esas imágenes inoportunas. Con los puños cerrados y los dientes apretados, me pego con fuerza en la cabeza.

Siento que al fin el dolor invade mi cabeza y resuena en mi cráneo, ocupando todo el espacio. Pequeña victoria.

Cierro la llave y me seco a toda velocidad. A penas puedo sostenerme de pie. Quiero incrustarme en mi cama y no volver a moverme. Dormir permitirá que el tiempo pase. El médico me recetó un somnífero para "ayudarme a dormir esta noche". Seguramente voy a necesitarlo, y no solo esta noche…

Una vez refugiada en el silencio de mi habitación, me visto con ropa grande y suelta. Aunque nos ahoguemos de calor en la casa que no tiene aire acondicionado, me vale. Así me siento protegida. Voy a sentarme sobre la cama con las rodillas encogidas sobre mi pecho. Como un zombi, miro la ventana, perdida en el cielo vacío, sin nubes y sin sol.

Un timbre me saca de mi estupor. No sé cuánto tiempo llevo como vegetal. El ruido salió de la computadora que está sobre mi escritorio. La aplicación de mensajes está abierta. Debió quedarse así desde que me fui. Desde que me fui… fue en otra vida…

No me sorprende nada ver que el mensaje es de Laurie. Al pensar en mi mejor amiga, el corazón de me cierra. Debe estar totalmente aterrada.

Su último mensaje acaba de entrar.

2:47 horas
Em... ya reuní todas tus cosas... el director me dijo que se encargaría de enviártelas.

3:25 horas
¡Estoy tan enojada! No puedo dormir. ¡Se llevaron a Zack, pero también a Simon, a Louis y a Alexis! ¿Por qué? ¡No entiendo nada! ¿Qué fue lo que pasó, Em?

11:07 horas
Anoche estaba enojada, pero ahora estoy llorando. ¡Quiero abrazarte tanto, mi amiga querida! Estoy contigo... <3

Apoyo mis codos en el buró y pongo la cabeza en mis manos. ¿Cómo voy a contarle a Laurie lo que *realmente* pasó en esa cabaña del horror? Porque seguramente querrá saberlo. ¡Pero no puedo contarle *eso*!

Giro para recostarme en mi cama. Solo quiero olvidar. Pero las imágenes son omnipresentes, no quieren soltarme. Furiosa, golpeo mi cabeza con los puños para intentar ahuyentarlas.

Me despierto con un sobresalto, con el corazón latiendo a mil por hora. Mi primer pensamiento consciente: "me violaron".

Es medio día. No dormí mucho. Tal vez porque olvidé tomar el somnífero. En estado de total torpeza, bajo a la cocina. Mi madre está cocinando. Verla en una actividad tan familiar es como poner un bálsamo sobre mi corazón herido. Suelto un simple "buenos días" con voz apenas audible.

Mi madre voltea. No hay una sonrisa en sus labios. Me mira de pies a cabeza, como si no me reconociera. En sus ojos puedo detectar una mezcla de miedo, incomprensión y malestar. Debe estar tan decepcionada de mí... me acerco para abrazarla como siempre lo he hecho. Hoy, más que cualquier otro día, este cariño nos hará mucho bien a las dos. Pero, en el segundo en el que mis brazos rodean su cuello, su cuerpo se pone rígido. Y en vez de apretarme contra ella, escapa de mi abrazo. Es muy sutil, pero esa es la impresión que me da.

—Siéntate, me dice rehuyendo mi mirada.

Me siento en mi lugar habitual en la mesa. Al momento en el que mi madre pone un plato frente a mí, escucho la puerta de entrada. Papá aparece en la cocina al mismo tiempo que mamá toma su lugar. ¿Papá no fue a trabajar?

Sus ojos se cruzan con los míos. Están muy rojos. Me siento culpable de pensar que yo lo hice llorar. En silencio, me da un largo beso en el cabello. Sé que es su manera de darme apoyo.

—¿Cómo... eh... cómo estás? pregunta suavemente.
—Yo... no lo sé... yo...
—¿Cómo que no sabes? interviene mi madre.

Hundo mis ojos en los suyos en un intento por comprender lo que quiere decir.

—¡Debes sentirte terriblemente mal! asegura.

—No pongas palabras en su boca, Claire, interrumpe tranquilamente mi padre.

—¿Cómo, Emma? continúa. ¿Quieres decirnos cómo te sientes?

Me mira como si fuera una extraña, una especie de desconocida. ¿En dónde quedó la mujer que amaba tanto a su hija? Me hago la pregunta y tengo dudas de la respuesta. Se la llevó la ola de vergüenza que lancé anoche sobre mi familia… ayer. ¿A penas fue ayer? Sin embargo, mi cuerpo está tan pesado, tan adolorido. Siento que llevo años sufriendo.

—No lo comprendo, Emma, agrega mi madre, con acento dramático en la voz. No entiendo cómo pudiste dejar que te embarcaran en una historia como esta.

Su reacción me deja impactada.

—Pero, ¡mamá! ¡Yo no me "dejé embarcar"! ¡Me forzaron! ¡Yo no quise! Fui una estúpida por… pero yo…

No encuentro las palabras y pierdo por completo mis recursos. Mi madre se levanta bruscamente de la mesa, dejando caer sus cubiertos al suelo. Es la primera vez en toda mi vida que la veo así de dura. Así de firme. Es mi culpa, lo sé. Me levanto para consolarla, para disculparme por haber sido tan mala hija. Pero mi padre me detiene.

—Emma, tú no tienes que hacer eso, déjala. Solo necesita tiempo.

En mis oídos resuena el eco de mi corazón que se parte. ¿Y yo? ¿Quién va a darme tiempo a mí?

NO ES NO

Con el teléfono en la mano, subo a encerrarme en mi habitación, como una ladrona. Tengo que hablar con Laurie a como dé lugar. Estoy a punto de volverme loca. Mi espíritu está embrujado por sus ojos fríos, por sus manos encima de mí, sus sexos como armas para herirme. Ya no quiero pensar en todo eso. Pero no puedo hacer nada. Poco importa lo que haga, las imágenes, los olores, las sensaciones, el miedo, el dolor, están todos allí. Tal vez Laurie pueda ayudar a cambiar mis ideas. Sé que, a estas horas del día, mi amiga descansa. Tal vez pueda localizarla.

Unos segundos más tarde…

—¿Em? murmura con una voz llena de esperanza.

Me derrito en llanto en cuanto la oigo. Es como una balsa de salvamento en el océano de horror en el que me ahogo.

—¿Emma, cómo estás?

Me asfixio por mis sollozos, no puedo ni hablar.

—¡Em! ¡Para! ¡No llores así! ¡Si no, yo también me voy a poner a llorar contigo!

Inmediatamente, mi amiga explota. Cada una lloramos a lágrima tendida. Durante un buen rato. Me hace mucho bien que alguien exprese su dolor y, al mismo tiempo, reconozca el mío.

—Estoy… contenta de escucharte.

Laurie gime y resopla antes de decir:

—¡No tienes idea de cómo quisiera tenerte en mis brazos!

—Sería lo mejor que me podría pasar ahorita, Lau.

—¿Estás resistiendo? me pregunta un poco más tranquila.

—Yo… no… no lo sé… mi madre es…

—¿Por qué me hablas de tu madre, Emma? No te entiendo… ¡tú eres la que viviste algo horrible! ¿Qué tiene que ver tu madre en toda esta historia?

—¡Me siento tan culpable! ¡Todo lo que estoy haciendo pasar a mis padres! Es…

—¿Quieres callarte? Me ordena Laurie con tono indignado. ¿Culpable de qué? ¡No tienes nada que reprocharte, Em! ¡Fuiste violada! ¡Si alguien tiene que pagar por esto es el cerdo de Zack y sus amigos!

Me muerdo el interior de las mejillas. No está equivocada. Pero sé muy bien que, de cierta manera, yo lo quise. YO invité a Zack a esa cabaña. YO también lo besé apasionadamente.

YO lo toqué porque tenía ganas. ¿Acaso quise lo que pasó después? No. Pero sin duda fue así como percibió mi mensaje.

Algo de lo que dijo Laurie captó mi atención.

—¿Qué fue… qué quisiste decir con "Zack y sus amigos"?

—Alexis volvió muy temprano esta mañana. Como podrás imaginar, el campamento completo estaba en ascuas, en el desayuno… nos contó lo que vio. Y luego de haber peleado contra ellos, llamó a la policía. Nos… nos contó *todo*, me informó tragándose el llanto.

Ahora se calla. Un silencio absoluto reina en la línea. De mi lado, veo con precisión quirúrgica cada segundo que duró esa abominación. Sin darme cuenta, me estoy golpeando la cabeza. Tomo consciencia de lo que estoy haciendo cuando el teléfono se me cae de las manos. Me detengo justo antes de que se estrelle en el piso.

—¡Lo van a pagar esos desgraciados! retoma finalmente Laurie. No los veremos pronto. ¡Esta mañana el jefe nos dio uno de sus discursos! Todas las relaciones entre empleados están prohibidas. El señor Langlois nos invitó incluso a denunciar a todos los que no respeten esa regla. Parecía estar realmente conmocionado. Como todos los que estamos aquí, de hecho.

Y yo.

—No sé qué decirte, Laurie, solo quisiera dejar de pensar...

—Lo comprendo, Em... mierda, mi descanso terminó, voy a tener que irme... te llamo más tarde, ¿de acuerdo?

—Por favor no lo olvides, me va hacer mucho bien...

—No te olvido, prometido. Te quiero, amiga mía.

—Yo también te quiero.

Me quedo pegada al aparato. El tono me hace comprender que estoy sola. Desesperadamente sola...

17 de julio

Hace varias horas que estoy en mi habitación triturándome los dedos y viendo al vacío. Tendría que bajar a comer algo, pero intento evitar la cocina lo más posible. No tengo ganas de encontrarme con mi madre.

Después de armarme de valor, una vez en el pasillo, avanzo muy despacio. Escucho su voz, está hablando por teléfono.

—¡Yo tampoco sé cómo pudo haber pasado esto, Marie! ¡No es para nada su estilo ser una lanzada con los chicos! ¡Emma es una chica inteligente. ¿Qué? ¿Crees… crees que se viste demasiado provocativa? No… no… se lo hubiera dicho si fuera el caso. Ella no…

Marie es la hermana de mi madre. Se lo cuentan todo. Puedo deducir que muy pronto todos los miembros de mi familia sabrán lo que me pasó. Tengo que contenerme para no entrar a la cocina, arrancarle a mi madre el teléfono y estrellarlo contra la pared. Pero lo que escucho enseguida, me deja petrificada:

—¿Sabes qué es lo que más me duele? Me avergüenzo. ¡Me avergüenzo de lo que le pasó! Me avergüenzo de mi propia hija… es espantoso… dice sollozando.

Vuelvo a subir las escaleras corriendo y azoto la puerta de mi habitación detrás de mí. Salto a mi cama y me meto debajo de las cobijas. Me tapo los oídos. No quiero escuchar nada más. Pero no puedo callar mi angustia. Lentamente, mis manos me golpean cada vez más fuerte en los oídos.

Sentada en el techo de mi casa, veo a unos niños que juegan hockey en la calle. De hecho, los miro de reojo, es todo. Me siento profundamente deprimida. Desde la cabeza hasta la punta de mis pies.

A pesar de los gritos de los niños, puedo oír los ruidos a mis espaldas, mismo que me tienen en un estado de vigilancia extrema. Sin embargo, sé muy bien que se trata de los pasos de mi madre o de mi padre que suben los últimos escalones. Nuestra casa es vieja; hace muchos ruidos. Pero hoy, esos sonidos me recuerdan los pasos apresurados de Zackary y sus secuaces por el suelo de la cabaña.

Temblorosa, doy vuelta para ver al interior de mi habitación y escucho con aprehensión los pasos que se aproximan. Aquí estoy segura, lo sé. Pero no logro sacar de mi mente la idea de que mis agresores podrían entrar en cualquier momento y terminar con lo que empezaron.

Es mamá. Claro que es ella. Acaba de dejar mi maleta encima de mi cama. Y parece que va a abrirla. Entro para ayudarle. Ya está totalmente abierta. Mamá toma una hoja que está hasta arriba. Lee en voz alta:

—"Estoy contigo, querida. Sé fuerte. Laurie."

Sonrío levemente. Daría cualquier cosa porque mi mejor amiga estuviera a mi lado.

—Laurie… siempre supe que era una mala influencia, comenta mi madre con desprecio.

Luego de decir esas palabras, deja caer la nota al piso, como si fuera una vulgar basura. Me apresuro a levantarla y apretarla contra mi pecho. ¡Viene de mi mejor amiga! ¿Cómo se atreve?

—Laurie no tiene nada que ver en esto. Lo único que ha hecho es apoyarme y…
—¿Entonces de quién es culpa? ¿Eh? Hace apenas un mes que mi hija, Emma Delacruz, fuerte, sensata, madura e inteligente, se fue a trabajar lejos de su familia porque quería aprender a manejarse sola. ¡Pero me parece muy difícil reconocer a mi hija en esta chica que regresó! concluyó con amargura y con la voz cortada por una tristeza infinita.
—Yo también tengo dificultades para encontrarme a mí misma en todo esto, mamá…

Bajo la cabeza, avergonzada de que mi estupidez ponga a mi madre en tal estado.

—Ni siquiera quiero escucharlo, me corta mientras de vuelta para irse.

Estoy impresionada, pero encima de todo, muy lastimada. Siento que estoy dentro de una película mala. Una pésima. Mi madre deja caer al piso la ropa que había empezado a sacar de mi maleta y sale a toda prisa. En el pasillo, mi padre la intercepta. Escucho un poco de su breve diálogo.

—Ella te necesita, Claire. Eres tan dura con ella. Esta no eres tú.
—¡Tú no lo entiendes! ¡Perdí a mi hija! ¡Ni siquiera puedo verla a la cara!

Sus pasos precipitados resuenan en la escalera. Luego se escucha la puerta de entrada que se azota. Unos segundos más tarde, me dejo ir en los brazos reconfortantes de mi padre. Me da un suave masaje en los hombros tensos.

—No se lo tomes a mal, necesita tiempo.
—Yo también…
—Lo sé… voy a tratar de hablar con ella. Estoy convencido de que todo va a estar bien.

En mi mente, esa idea suena totalmente descabellada.

—Hoy fui a recoger los resultados.

Aun cuando no puedo verla, siento que Laurie está pendiente al otro lado del teléfono.

—Emma, dime por favor que todo salió negativo…
—Sí. No tengo nada. No estoy embarazada, no tengo ETS, no tengo hepatitis, nada. Voy a tener que hacerme

otras pruebas de control, pero… por el momento todo está bien.

Como para convencerme, repito:

—Yo… estoy bien…

Ayer en la mañana de dieron una cita en la clínica para comunicarme los resultados de las pruebas realizadas. Las horas anteriores a la cita fueron un verdadero calvario. Ahora que todo está claro, estoy mejor. Al menos en cuanto a eso.

—¡Uff! ¡Emma! ¡Me da tanto gusto oír eso! No sé lo que hubiera hecho si…

Laurie se calla, visiblemente conmovida y aliviada.

—No sé cómo estás pudiendo atravesar esto… continúa suavemente. Me parece tan fuerte y ni si quiera es a mí a la que le pasó. Pero voy a prometerte que, si no estoy en el mismo barco que tú, estoy muy cerca. Pegada a ti.

Sonrío a través de mis lágrimas.

—Lo sé, Lau. Lo sé.

19 de julio

Volver a ver a Evelyne me hace mucho bien. Ella ha estado para mí, conmigo, desde los primeros instantes posteriores a la violación. De una extraña manera, me siento unida a ella. Incluso si la conozco poco, ella ha logrado hacer que me sienta tranquila y en confianza. Es por eso que estoy aquí, sentada en su oficina, llorando sin parar desde que llegué. Desde que mis padres me dejaron afuera de las oficinas del organismo comunitario *Juntos contra las agresiones sexuales* —mismo que recibe solo a las víctimas de violación—, supe que podía dejarme ir al fin. Con mis padres, aun cuando pueden darse cuenta de que no estoy en mi estado normal, trato de no mostrar del todo mis sentimientos. Más bien estoy en modo "demuéstrales que puedes empezar a vivir una vida normal". Dudo mucho que crean en mi talento como actriz. Ni siquiera he podido convencerme a mí misma, o sea que…

—Dis… disculpa, le digo entre sacudidas.
—No te preocupes, Emma. No eres la primera persona que llora aquí… Por el momento, no te voy a pedir que repasemos los sucesos, a menos que tú necesites o

quieras hacerlo. Sin embargo, quisiera que, al menos mientras estés aquí podamos hablar. Aunque sea del clima. Con el tiempo, podremos empezar a hablar sobre tus sentimientos. Pero es muy necesario que hablemos o que hables con personas a las que les tengas confianza. Así es como lo vamos a lograr comprender.

Hace una breve pausa antes de seguir.

—Entonces, cuando hablamos me contaste que te había contactado un investigador. ¿Fue para que rindas tu declaración?

—Sí. La cita es en dos días.

—¿Y cómo te sientes con respecto a eso?

—Tengo miedo. ¡Mucho miedo!

—Comprendo. Pero, sabes, podemos preparar juntas esa entrevista. Y tienes derecho a ir con alguna persona que tú elijas. Yo, si así lo deseas.

—¿No te molestaría ir?

—¡Para nada! Tienes que saber que, en estos asuntos, queremos que estés lo más tranquila posible. A menudo, los detectives hacen sus preguntas a través de un vidrio polarizado. De esa manera, no te sentirás intimidada por él. Yo estaré contigo, en la sala, y tu entrevista será grabada en video para tener todas tus reacciones y tus palabras exactas. Eso evitará que el detective interprete tu declaración.

Todo ese proceso me parece muy complejo. Pero, al menos, no estaré frente a la persona a la que le estaré contando mi historia. Eso me tranquiliza. Con la vista en el suelo, juego con un pañuelo.

—Quiero que todo el mundo sepa lo que me hicieron. Quiero que paguen. Pero, cuando pienso que, a pesar de todas las pruebas, puede ser que un juez no los condene, yo… tengo miedo de someterme a más sufrimientos… y de darme cuenta de que, al final de todo esto, tal vez no haya servido para nada.

—Sabes, Emma, no solo a través de una condena vas a poder retomar las riendas de tu vida. Desde tu agresión, probablemente sientes que tú ya no controlas tu existencia. Como consecuencia, te dices que enviarlos a prisión será la única solución para tus males. Sin embargo, tienes que saber que el resultado de este proceso no es lo más importante. Lo más importante es el proceso mismo. Si tú decides denunciar, te darás cuenta, con el tiempo, que el simple hecho de nombrar públicamente lo que te hicieron Zackary, Louis y Simon, puede ayudar mucho a tu sanación. A través de todo eso, podrás experimentar un gran orgullo por haberte mantenido de pie y por haber retomado las llaves de tu libertad. Si una sentencia viene a coronar esto, pues mejor. Pero si lo ves como la salvación, corres el riesgo de hacerte más daño.

Las palabras de Evelyne resuenan en mi cabeza como una verdad pura, en la que tengo ganas de creer sin hacerme más preguntas. En el estado actual de las cosas, sin embargo, todavía no estoy en posición de ver el proceso de esa manera.

—Te voy a hacer una pregunta graciosa, ¿de acuerdo? continúa Evelyne con un tono casi juguetón, como si quisiera aligerar la conversación.

Acepto en silencio.

—¿Qué es lo que esperas de mí?

¿Qué espero de ella? Pensé que eso estaba determinado desde el principio, ¡que hasta era evidente! Hablarle de mi agresión y que ella me ayudara a superarla. ¿No?

Ella pareció darse cuenta de mi cuestionamiento.

—Más allá de la descripción textual que te di en el hospital, que corresponde a la misión de nuestra organización, ¿qué quieres lograr al venir aquí?

Acabo por responder con convicción:

—Quiero olvidar.
—No quiero decepcionarte, Emma. Desgraciadamente, ese evento te va a seguir hasta el resto de tus días, dice con toda la simplicidad del mundo. Al cabo del tiempo, cada vez habrá más y más mañanas en las que te irás sintiendo mejor. Pero la cicatriz que deja esa noche se quedará para siempre. No se pueden olvidar ese tipo de cosas, se aprende a vivir con ellas.

Bajo la cabeza, abrumada por su ataque de verdades dolorosas. ¿En ese caso, qué hago aquí?

—Sé que no es fácil comprenderlo. Pero no quiero que, cada vez que vengas a verme, pienses que yo tendré una píldora mágica para ti. Vas a tener que adaptarte a tu nueva identidad y aprender a vivir con ella. Ese es el fin, ¿no?

La observo con una mirada amarga. Aún si, de golpe, la imagen de la píldora me parece exagerada, tengo que admitir que no esperaba menos: olvidarlo todo, por arte de magia. Me siento derrotada.

—¿Por qué tuve que pasar por eso?
—Yo no puedo responder esa pregunta. Pero, dentro de lo negro de tu situación, existen zonas de claridad. Al principio, lo confieso, son muy difíciles de encontrar. Es para eso que estoy aquí, para hacerlo contigo, paso a paso.

Puedo ver en su mirada toda la voluntad del mundo. Me transmite casi tanta fuerza como la que ella posee.

—Bueno. ¿Por dónde comenzamos?
—Vamos por prioridades. En…

Me doy cuenta de que no estoy escuchando a Evelyne. La contemplo. Una fuerza tranquila emana de ella mientras que me habla con pasión y compasión.

Con un poco de suerte, le robaré un poco de su alegría de vivir y no me lo tomará a mal.

19 de agosto

—No te preocupes, la señorita Delacruz no estará aquí para la comparecencia. Acabo de verificarlo con su abogado.

Al fin puedo relajar mi respiración mientras que Richard toma su lugar delante de mí. Bajo los ojos, incapaz de sostener su mirada de desprecio. Pone su portafolio sobre la mesa y saca toda clase de documentos.

—Es justo lo que me temía, Zack, no pinta nada bien.
—Mierda. ¿Y Louis? ¿Y Simon?
—Tienen intenciones de declararse inocentes. Espero que demostrarás ser más inteligente que ellos y harás lo contrario. Los resultados de la entrevista no te favorecen nada. Las pruebas son contundentes. A mi manera de ver, la justicia tiene todo lo necesario para encerrarte. ¿Quieres decirme en qué diablos estabas pensando?

Paso mi mano por mi cabello y me acomodo en mi silla.

—¿Cuál es la pena que puedo enfrentar?

—Con la acusación de agresión sexual agravada que sin duda va a pesar sobre ti, podrían ser hasta catorce años.

Mi mandíbula cae al piso.

—¿Te estás burlando de mí? pregunto al mismo tiempo que avanzo al borde de mi silla.

—Me encantaría, pero no. Puedo intentar negociar con la justicia...

—Mierda, Rich, no puedo... No puedo pasar todo ese tiempo encerrado. ¡No quiero ir a prisión, Rich! Yo también me voy a declarar inocente, digo con tono firme.

Mi abogado suspira.

—¿Estás mal de la cabeza?

—De todas formas, ¡es su palabra contra la nuestra! ¡Además, es una zorra como todas las demás!

—¡Escúchame bien! comienza con tono severo. El hecho de que tu madre fuera una perdida y se acostara con todos, no quiere decir que todas sean iguales. ¡Deja de hacer que todos a tu alrededor paguen por todo el amor que te faltó y porque estás jodido! Dice enérgicamente.

Sí. En este punto, Richard y yo estamos cerca. Siempre me ha dicho mis verdades en la cara como nadie jamás ha sabido hacerlo. Ha sido la madre y el padre que nunca tuve. He intentado ser como él. Pero no he podido.

Parece arrepentirse de lo que acaba de decirme.

—Lo lamento, Zack, no quería…

—Déjalo, Rich, está bien, le digo mientras me pongo a jugar con un clip que está sobre la mesa.

El suspira.

—Si quieres declararte inocente, trabajaremos con eso. Pero no me da el menor gusto. Estoy muy decepcionado por tu comportamiento. Pensé que te ibas a comportar.

Mira su reloj.

—Vamos, es hora de ir a la sala de audiencias.

Me levanto y lo sigo de forma mecánica.

Estoy viviendo una pesadilla, eso es seguro. Intento despertar, pero me doy cuenta de que no tengo los ojos cerrados. Ya están bien abiertos.

Mierda. Es la realidad.

20 de agosto

Vigilo la esquina de la calle mientras doy pequeños saltos. Como si esperara ver pasar a Santa Claus en el cielo, con su trineo cargado de juguetes. Pero hace mucho tiempo que ya no creo en él. Y, si acaso todavía me quedaban ilusiones sobre las cosas mágicas de la vida, se esfumaron todas la noche del 13 al 14 de julio.

Al fin veo el automóvil rojo de Laurie estacionarse detrás del de mis padres. Ni siquiera se molesta en apagar el motor y salta afuera del vehículo para venir junto a mí. Nuestro abrazo me da un fuerte golpe cuando nuestros cuerpos chocan. Pero ese es el tipo de golpes que sí me gusta recibir. Mientras giramos abrazadas, la escucho sollozar en mi hombro. Por mi parte, simplemente estoy feliz de volver a verla.

Cuando paramos de dar vueltas, Laurie y yo nos quedamos allí, varios minutos, abrazándonos y luego viéndonos. ¡Es tan hermosa! Con todo y su cara enrojecida por las lágrimas. Necesitaba un poco de belleza en mi vida.

Le sonrío. Mi primera sonrisa auténtica en las últimas semanas.

—Creía que nunca llegaría el día en que volvería a verte.

—Estoy aquí, me dice abrazándome de nuevo con fuerza. Estoy aquí.

Laurie corre a apagar su motor. La tomo de la mano para llevarla adentro. Papá y mamá nos esperan a la entrada. Laurie los saluda con timidez. Sin duda puede percibir los cambios en la atmósfera. Normalmente, en cuanto entrabas a mi casa, se respiraba amor, felicidad y alegría. No dudo de que el amor siga allí, pero hace mucho tiempo que el eco de las risas ha muerto.

Mi padre se adelanta y la abraza cariñosamente.

—Gracias, Laurie, gracias. Estaremos eternamente agradecidos contigo por todo lo que has hecho por nuestra hija. Siempre serás bienvenida en nuestra casa. ¿Verdad, Claire?

Mi madre permanece con los brazos cruzados mientras mi amiga se pone roja por el caluroso agradecimiento.

—Em hubiera hecho lo mismo, afirma Laurie. Es preciosa mi Emma. Es una chica increíble.

Miro de reojo a mi madre, tengo curiosidad de ver si lo que dijo Laurie sobre mí puede tirar un poco el muro que ha levantado entre nosotros. Como única respuesta, se muerde los labios. Mi corazón se quiebra un poco más. Pronto ya no quedará más que polvo.

—¿Quieres quedarte a cenar con nosotros? propone con sequedad por simple cortesía.

Laurie responde con un tono gracioso y un poco impertinente:

—Me van a tener aquí metida todo el día, en la cena y también en la noche, si mi mamá está de acuerdo. Y ustedes también…
—No tenemos ningún inconveniente, confirma mi padre.

Le sigue un momento de silencio embarazoso. Para poder escapar, tomo a Laurie del brazo y la empujo hacia la escalera.

Una vez en mi habitación, nos instalamos en mi cama, como siempre lo hacemos.

—Cuéntamelo todo, Em.

Levanto los hombros sin mirarla.

—No hay gran cosa que contar, Lau. Me he pasado los días aquí encerrada en mi habitación. ¡Ah, sí! También me he peleado con mamá. Casi sin parar. Y me he reunido con mi trabajadora social. Eso es todo.
—Ok. Una cosa a la vez. Tu madre. ¿Qué pasa? No hemos tenido tiempo de que me platiques.
—No sé bien. Lo que me pasó la ha derrumbado completamente, como si le hubiera pasado a ella.
—Pues es un poco normal, Em. ¡Eres su hija! Tú sabes cuánto me afecta así que, ¡imagínate a ella! ¡Debe ser mil veces peor! Seguramente una parte de ella sufre contigo.

—Sí…

—¿Y cómo es la trabajadora social?

—Es simpática. Me entiendo muy bien con ella. Me ayuda cuando la veo. No solo porque hablamos, sino que también porque eso me obliga a salir de casa. Así puedo soportar mejor la atmósfera aquí dentro. Me ahogo. Bueno… ¿y tú en el campamento? Cómo fue después… quiero decir…

Mi amiga pone su mano sobre la mía como para indicarme que entendió.

—Con los jóvenes estuvo súper bien. Tu grupo estaba muy triste de que te hubieras ido así de pronto.

—¿Acaso ellos…

—No te preocupes, el director les dijo que tuviste una urgencia familiar, no supieron nada. Pero con los demás instructores, fue otra historia. De verdad estaban consternados. Todos estaban preocupados por ti, en especial Alexis. Quería tu número de teléfono, pero preferí que te lo pida él mismo cuando lo veamos en la universidad. Y hablando de eso, ¿sientes que estás lista?

Dejo escapar una risa amarga.

—Lo único que quiero es pasar a otra cosa, Lau. La escuela será la mejor forma de fijarme nuevos objetivos. Necesito un cambio drástico. Para eso sí estoy lista.

Laurie se acerca y me abraza. Alexis… sin él, quién sabe cuánto más hubiera durado mi suplicio… Mi amiga me saca de mis reflexiones.

—¿Y cómo va el tema de la denuncia? ¿Cómo va tu declaración con la policía?

—Fue súper estresante. Me hicieron repetir todo, no tienes una idea. Al menos, Evelyne estuvo conmigo.

—Entonces, me imagino que no tienes nada de ganas de hablar de eso, ¿verdad?

Su voz deja al descubierto una inmensa tristeza. Quisiera poder entender, ayudarme, tomar un poco de mi dolor, si eso fuera posible. A pesar de toda su amistad, es un peso que yo tengo que cargar sola.

—Cuando esté lista, Lau, serás la primera en saberlo.

Mi amiga levanta los hombros con una sonrisa.

—¿Y ahora que ya hiciste tu declaración oficial, qué sigue?

—La comparecencia. Allí es donde ellos se van a enterar de las acusaciones.

—Ok. ¿Y eso cuándo es? Puedo acompañarte, si quieres.

—No voy a ir.

—¿Cómo? ¿Qué no tienes obligación de estar presente, como víctima?

—No… no es a fuerza. Todavía no me siento preparada para enfrentarlos. Evelyne me va a tener al tanto de los resultados. Al momento de la averiguación previa, entonces sí no tendré elección, debo estar presente para testificar.

—¿Tienes miedo? pregunta Laurie con voz dulce.

—¿Miedo? Esa palabra se queda corta…

***

—¿Entonces Zackary ya lo sabe?

Sentada en el diván de su oficina y con la respiración entrecortada, confirmo con Evelyne.

—Desde ayer. Los tres chicos ya están al tanto de las acusaciones que pesan sobre ellos. La fecha de la averiguación previa ya fue establecida.
—¿Cuándo? pregunto apenas con el aliento.
—Tenemos mucho tiempo por delante, Dentro de quince meses.
—¿Quince meses? repito incrédula.
—Es mucho, lo sé, pero es menos que en muchos de los otros casos que he visto.
—De... ¿de qué se les acusa?

Evelyne consulta unos papeles antes de responderme.

—Las acusaciones son diferentes para cada uno. Pueden recibir condenas que van entre uno y catorce años. Quedarán en libertad mientras esperan sus comparecencias, pero tendrán que cumplir condiciones muy estrictas. Entre otras, no tienen derecho de establecer ningún contacto contigo, de ninguna forma.

Tengo la impresión de que acaban de darme un violento golpe en el estómago. Mi respiración se corta en seco y de pronto me siento terriblemente mal. Sin embargo, era justo lo que yo quería escuchar, ¿no? Sé que esto está lejos de haber terminado —todavía hay quince meses de espera—, pero debería de sentirse como una victoria el hecho de ponerles el susto de sus vidas, ¿no?

—¿Estás bien? pregunta Evelyne.

—Es gracioso, porque justo hablaba con Laurie sobre esto en la tarde, y... yo... pensaba que me haría mucho bien, pero... yo... no logro ponerle palabras a lo que estoy sintiendo. ¿Qué es peor, la posibilidad de una condena... o la condena en sí? Al mismo tiempo, ¿por qué me preocupo tanto? ¿Por ellos? Quiero decir, debería de estar encantada de saber que, de alguna forma, ellos están sufriendo, pero... no, nada. No me siento mejor...

—Es normal que tengas dificultades para identificar tus sentimientos con respecto a todo esto. Estás en el proceso de reconstruirte a ti misma, pero sientes que, para poder hacerlo, tendrías que tomar en cuenta lo que les espera a tus agresores, como si ellos ejercieran algún tipo de poder sobre tu sanción. Tienes que saber que no es así. Eres tú la que tienes el poder. Tú tienes que encontrar tus propios medios para sentirte bien, independientemente de ellos.

Una vez más, Evelyne me suelta un discurso sincero que debería hacerme sentir bien... en teoría. Pero, en la práctica, ¿de qué me sirve?

—¿Y cómo llego a eso? pregunto dejando caer mis manos sobre mis piernas, muy descorazonada.

—Tengo una idea. Me gustaría que compraras un cuaderno grande, para hacer *scrapbook*. ¿Sabes a qué me refiero?

Afirmo, un poco escéptica ante su sugerencia.

—Será un cuaderno muy importante. Elígelo con mucho cuidado; tiene que gustarte mucho, tiene que llamarte. Cuando lo tengas, divídelo en dos secciones. En la primera, describe todo lo que creas haber perdido desde aquella noche. Puedes hacerlo con un collage, un poema, no importa. No te preocupes por expresar tus sentimientos, tanto positivos como negativos. En la segunda sección, encuentra una manera de representar todo lo que has ganado.

La miro con los ojos entrecerrados, como si se hubiera vuelto loca. "¿Lo que he ganado?" ¿Qué pudo haberme aportado esa violación colectiva?

—Tal vez no logres llenar esa sección de inmediato. Pero de todas formas quiero que la hagas.
—Evelyne, no veo cómo…
—Confía en mí, me interrumpe.

La observo largamente —a ella y a su pequeña sonrisa llena de seguridad. Después de todo, ¿qué tengo que perder?

—De acuerdo… confiaré en ti, Evelyne.

27 de agosto

Frente al espejo de mi recámara, peino mi cabello con mucho cuidado. Luego me pongo unos aretes muy sencillos. Expiro profundamente, como si acabara de llevar a cabo una hazaña súper importante. Doy un giro y examino mi reflejo en el espejo: una playera con cuello tipo barco, suficientemente ajustada sin ser demasiado reveladora; lo mismo pasa con mis *jeans*, modelo *boyfriend*, que tampoco me quedan demasiado embarrados.

Desde mi regreso del campamento, adopté este estilo; se ha convertido en mi favorito. No hace mucho tiempo, me gustaba mucho revelar mis formas, sin ser vulgar. Porque me parecía que era bonita y que eso atraía las miradas de los chicos, no mentiré al respecto. Sin embargo, ahora todo es diferente. Me arreglo para no darle ideas de nada a nadie. Tengo miedo de parecer una chica que busca ser violada... más tarde, al cruzar las puertas de la universidad, me perderé en la masa, como una estudiante cualquiera que va a enfrentar nuevos desafíos.

Miro la hora en mi despertador: 8:10. Voy muy adelantada. Además, papá insistió en llevarme a la escuela que está a veinte minutos de aquí. Así es que tengo tiempo de ver mi cuaderno.

Lo saco de un cajón en el que lo guardo bajo llave. Un poco como si fuera el *Gollum*, lo considero *"mi precioso"*. Evelyne tenía razón. Me permite caminar un poco cada día en mi proceso de sanción. Aun cuando todavía me faltan muchos pedazos del rompecabezas.

Lo pongo encima de mi escritorio y lo acaricio suavemente con la punta de los dedos. Ese *scrapbook* me ayuda a poner en palabras o en imágenes, las emociones o los sentimientos que no logro verbalizar. Estoy orgullosa de lo que he hecho hasta ahora. Hace mucho tiempo que no sentía algo positivo. Esta tarde, después de clases, tengo una cita con Evelyne. Voy a poder mostrárselo.

He personalizado mi cuaderno. Representa esa porción de mi existencia que ahora es mi vida, las veinticuatro horas. Es la de esa otra chica en la que me he convertido desde el pasado 14 de julio. Aprendo lentamente a conocerla, a domesticarla. Apenas es el inicio y aún no puedo decir que me agrada esa persona. Son pensamientos extraños ya que sé muy bien, aunque me esfuerce en no querer admitirlo, que estoy hablando de mí. Yo, Emma Delacruz. Yo soy esa chica, angustiada por cosas insignificantes, que no hace otra cosa más que hablar con su trabajadora social y con su mejor amiga, y que sale de su casa lo menos posible. No es tan fácil aceptarlo, sobre todo cuando tomamos en cuenta que hubo un "antes". Vuelvo todo el tiempo, pero sé muy bien que ya no existe.

En la portada de mi *scrapbook*, pegué unas cartulinas negras que plastifiqué para que no se maltraten. Luego le puse nombre. Era lo lógico. Sobre una gran etiqueta blanca, en el mero centro, escribí el primer título que me vino a la mente: *Mis más bellos adornos para morir*. Esa famosa noche en la que mi vida se tambaleó, ignoraba que me estaba metiendo en la boca del lobo. Y, para hacerlo, me puse mis mejores adornos, mi vestido rojo, así como toda la belleza que estaba en mí. Más tarde todo se ensució para luego ser inmolado en la escena de mi violación. Esa noche, me morí por dentro. Viene un largo suspiro. Para mí, esa frase significa mucho.

Pongo atención en mi cuaderno, en la primera sección titulada *Lo que perdí*. Me costó muchísimo trabajo materializar esa consideración abstracta. ¿Cómo se describe la pérdida de la confianza en uno mismo? ¿De la dignidad? ¿Del respeto por una misma? ¿De la confianza en el otro? ¿De la paz de espíritu? Sin hablar del insomnio, de la falta de apetito, de los dolores de cabeza, de la ansiedad… luego me topé con esta imagen. Es una mujer al borde de un precipicio, con los brazos cruzados, frente al vacío. Parecía querer volar. Al verla de cerca, pude ver que le habían agregado un hilo, atado a una nube. Como si fuera a ayudarla a huir. Esa representación me impactó: traducía exactamente mi estado de ánimo. Mi deseo de partir en la inmensidad del cielo, y de no regresar jamás a esta vida que perdió todo el sentido. De inmediato la puse en mi cuaderno.

También pegué imágenes de mujeres atadas con cuerdas o por manos de hombres musculosos. Hice una composición bastante perturbadora. Encontré la imagen de una mujer con las piernas completamente abiertas y con la expresión totalmente traumatizada. Luego la de un tiburón con el hocico abierto y los dientes afilados. Al principio, pensé que eso representaba furia. Pero, cuando lo puse entre las piernas de la mujer, para mí quiso decir todo.

La segunda sección todavía está vacía. Solo tiene un título: *Mi nueva piel*. Evelyne me pidió que escribiera lo que creo haber ganado. No me molestaría para nada una nueva piel...

Tres golpes ligeros suenan en mi puerta.

—Puedes pasar, papá.

Estoy segura de que es él. Ahora es el único que viene a mi recámara. Entre mamá y yo las cosas están cada vez peor. La pared que nos separa solo crece cada día. Como si fuéramos dos extrañas. Y aún cuando yo haga intentos por avanzar, su actitud me recuerda a diario que cometí una falta imperdonable.

—¿Estás lista, preciosa?
—Sí, lista, le confirmo con una sonrisa.

Mamá está en la cocina como siempre. Incluso, está más que de costumbre desde... "el acontecimiento". Imagino que ella también necesita perderse en algo, para olvidar. Después de todo, yo hago lo mismo con mi cuaderno, y muy pronto, con la escuela. De cualquier manera, ¿cómo saberlo? Ya ni siquiera hablamos.

Me rasco la garganta como para obligar a mi madre a voltear a verme.

—Ya me voy, mamá. Es mi primer día en la cancha de los grandes.

Voltea —¿a su pesar?—y me revisa de pies a cabeza.

—Hace tiempo que ya estás allí, Emma. Solo espero que esta vez demostrarás que eres más responsable.
—¡Claire Tremblay-Delacruz! le regaña mi padre, visiblemente indignado.

No sé bien cómo reaccionar ante el comentario de mi madre. Pero puedo entender su actitud hacia mí. No soy la hija que había esperado. Puedo hacerme esa misma reflexión. Mi madre baja la cabeza, como si se arrepintiera de lo que dijo. ¡Parece atormentada! Tiene enormes ojeras debajo de sus ojos y su piel se ha vuelto gris. Me acerco para abrazarla, pero ella se pone a mezclar su pasta con energía, cortando en seco mi intención.

—Buena… buena suerte, mi niña. Sé que todo va a estar bien.

Me alejo hacia la puerta cuando me doy cuenta de que mi padre no se ha movido ni un centímetro. Plantado a la mitad de la cocina, dice:

—Esta casa está hecha de amor, de compasión y de paciencia. Lo quieras o no, tendrás que encontrar la manera de que siga siendo así. Si no, yo tendré que intervenir.

***

Con el corazón latiendo a mil por hora, subo la escalera hacia la entrada de la universidad. Al mismo tiempo, mi teléfono vibra. Es un texto de Laurie.

¡Hola Em! Estoy en clase hasta las 11:30, tengo una clase que dura tres horas, ¿te imaginas? ¡Pero estoy muy emocionada, creo que ahora sí ya me estoy convirtiendo en una señora! ¡jiji! ¡Que tengas muy buen primer día, querida! ¡Cenamos juntas! xoxoxo

Sonrío mientras guardo mi teléfono en el bolsillo de mis jeans y empujo la puerta. Adentro está lleno de gente. Hay estudiantes que caminan por todas partes. Por fin soy anónima. ¡Eso me cae de maravilla!

Y justo cuando estoy pensando en eso, mi corazón se apachurra y mi sonrisa desaparece. Entre la multitud lo reconozco enseguida. El cabello ondulado, los lentes que empuja sobre su nariz. Alexis. Ya sabía que iríamos a la misma universidad, pero, ¿cuáles eran las posibilidades de encontrarme con él hoy?

No tengo elección, debo detenerme y decirle unas palabras. El mismo camina más despacio para que podamos saludarnos. Tan solo de verlo vuelven a surgir en mí una serie de imágenes y sensaciones desagradables. Mi corazón se cierra, se me corta la respiración. Y, sin embargo, fue gracias a él que esa noche de horror llegó a su fin...

Desde que estamos a unos cuantos centímetros uno del otro, meto mis manos en los bolsillos traseros de mis jeans. Es una forma de protegerme. Si las mías no están disponibles, no podrá tenderme las suyas o intentar saludarme de beso.

—¡Hola! me dice. Me… me da mucho gusto verte.
—Hey, le respondo.

Al margen de lo que yo pensara, Alexis avanza hacia mí con los brazos estirados, e incluso si yo me quedo rígida como una barra de hierro, me aprieta contra él. Como un relámpago, una oleada sube a lo largo de mi esófago y vuelvo a ver la cabaña como en un flash. Llena de mis gritos. De su desprecio. Empujo a Alexis, tal vez un poco violentamente, pero no tengo elección. Tengo que evitar un ataque de pánico. Aquí no. No delante de todos. El no parece darse ni cuenta. Sé que su intención no era mala. Solo quería ser amable. De todas formas, me alejo hacia atrás.

—¿Cómo estás, Emma?

Aun cuando daría cualquier cosa por no tocar el tema, balbuceo:

—Yo… voy bastante bien. ¿Y tú? ¿La… pasaste bien en el… campamento?
—¡Estuvo muy *cool*! Eh… pero te extrañamos mucho…
—Sí… de paso, Alexis, quisiera…. quisiera darte las gracias. Supe… que fuiste tú quien llamó a la policía y… el… el que me salvó… así es que, gracias.
—¡No podía dejarlos salirse con la suya! responde con la mirada de pronto perdida en el techo. No es el tipo de chico que soy. Yo tengo buenos principios y

estoy lleno de buenas intenciones. Lo que te hicieron, fue realmente espantoso. Si fuera por mí, les hubiera roto el hocico.

Lo interrumpo antes de que decida continuar:

—Está bien, Alexis, lo entiendo. Pero gracias, Te debo mucho.
—Bueno… este… crees que… ¿podemos hacer algo un día, los dos?

Su pregunta amable y nerviosa —¿oportunista?— hace que vuelen mil mariposas en mi estómago. No porque me sienta halagada. No. Porque me siento aterrorizada.

—Mira. Yo… la escuela está empezando… y me gustaría mucho concentrarme en eso, y…
—¡Sí, entiendo! me corta en seco. Tú… sí. ¡No hay problema! De todas formas, nos vamos a seguir viendo.
—Sí, seguro.
—¡Ok! Bueno… ¡buena clase!

En cuanto empieza a alejarse, doy media vuelta. Intento respirar tranquilamente. Creo que salí bien librada… al menos, hasta que me llama de nuevo corriendo hacia mí. Volteo, literalmente en un suplicio.

—Si no lo hago, lo lamentaré el resto de mi vida. Entonces, te voy a dejar mi número de teléfono, dice mientras busca en su mochila un pedazo de papel. Tú me llamas, no importa cuándo. De día o de noche, siempre estoy disponible.

Pone el papel en mi mano. Soy incapaz de producir el menor sonido.

—Ok. ¡Bueno, ahora sí me voy! ¡Adiós!

Luego de estas palabras, se aleja corriendo. Meto el pedazo de papel en el bolsillo de mis jeans. Las posibilidades de que lo use algún día ascienden a cero.

***

—¿Y bien? ¿Cómo estuvo tu primer día de universidad? me pregunta Evelyne mientras cierra la puerta de su oficina detrás de nosotras.

Me dejo caer en su diván, agotada.

—Estuvo bien. Me… encontré con Alexis.
—¿Qué sentiste al verlo de nuevo?
—Esperaba que iba a pasar, pero no tan pronto… Me dejó su número de celular. Para platicar…
—¿Tienes intenciones de mantener una relación de cualquier tipo con él?
—No creo que sería una buena idea. No es un mal chico, es agradable, pero hay cosas muy locas relacionadas con él. Hasta tuve un *flashback* cuando me tocó.
—No tienes que forzarte si no te interesa. Debemos elegir a las personas de las que nos rodeamos para sentirnos bien con nosotras mismas.

Un silencio se interpone entre las dos. Quisiera hacerme bolita en un rincón y que me dejen tranquila.

—¿Alguna vez te pones a gritar, Emma?

Me sobresalto.
—¿Qué?

La pregunta de Evelyne tarda un poco en llegar a mi espíritu confundido.

—Desde que nos conocemos, me ha llamado la atención una cosa en particular en ti: la calma excepcional con la que reaccionas ante este dramático evento. Has llorado mucho, es verdad, pero jamás te he visto ceder ante la furia, lo cual sería totalmente normal.
—¿A qué quieres llegar?
—Tengo la impresión de que acumulas cosas. Tengo miedo de que un buen día explotes, como una bomba de tiempo, y que en ese momento te arrepientas de tus palabras o de tus actos. Tomemos el ejemplo de tu madre. Me dices que las cosas no van bien entre ustedes, pero que lo entiendes porque tú te consideras culpable. No aceptas ir más lejos. Tú y yo hablamos mucho y creo que estás progresando. Pero en general hablamos de generalidades, de formalidades; nos quedamos en la superficie. ¿Qué es lo que reprimes, Emma? ¿Qué es lo que guardas lo más lejos posible en tu memoria, que no me quieres contar ni a mí ni a ti misma?

Su cerro de preguntas, casi acusaciones, me molesta mucho. Me muevo en mi silla al mismo tiempo que me llevo la mano derecha al nivel de la sien. De pronto, siento una feroz comezón.

—No te escondo nada, Evelyne…

Mientras mi trabajadora social me observa en silencio, mi mano derecha se vuelve más y más rígida. Aprieto el puño izquierdo sobre mi muslo. Tengo tantas ganas de golpearme allí, en ese mismo instante.

—¿Trajiste tu cuaderno?

El cambio brusco de tema me inquieta y me alivia a la vez. Lo saco de mi mochila y se lo doy. Ella lo abre sin perder ni un segundo para explorar su contenido.

—¿Sabes el significado que tienen para ti cada una de estas imágenes?

—La mayoría, sí. Otras simplemente me llaman la atención, pero no sé bien por qué.

—¿Me permites que te de una pista para reflexionar?

Dudo un poco, insegura de hacia dónde nos llevaría esa conversación.

—Mira esta, continúa mientras señala mi montaje de la mujer con las piernas abiertas y el tiburón. Pareces querer expresar que pasará mucho tiempo antes de que un chico pueda conocerte de esa manera. Y, si vemos esta, quisieras cambiar de vida, olvidar lo que te pasó, sugiere al dar pequeños toques sobre la imagen de la mujer que quiere volar.

—No… no te equivocas sobre la última. La otra… es cierto que no pienso hacer el amor con alguien dentro de poco. Incluso, no quiero tener una relación… eso… me aterroriza. Es normal, ¿no?

—Claro que lo es, me dice para tranquilizarme.

—Tengo que estar rota, eso es seguro…

—¿Qué es lo que se rompió, Emma?

Me muerdo las mejillas por dentro. Me enfurece haber dicho todo lo que debió permanecer oculto. Los pensamientos se meten en mi cabeza y estallan como burbujas de veneno.

—¿En qué piensas? Me pregunta suavemente Evelyne.

—No quería que terminara de esa manera.

—Lo sé, eso ya lo había entendido, Emma.

—¡Todo es culpa mía! Nunca pensé ser el tipo de chica a la que le podría pasar algo así. ¡Nadie lo creía! Sobre todo, mi madre, la he decepcionado…

—¡Ah! ¿Porque crees que hay un "tipo de chicas" a las que les pasan esas cosas?

—¡Sí! ¡El tipo inocente, que se lanza a los brazos de un chico sin pensar en las consecuencias! ¡El tipo sexi que va enseñando todo a todo el mundo! ¡El tipo de chica como yo, que terminó siendo violada porque se lo buscó! grito con voz aguda.

—Emma, ¿acaso eres consciente de lo que implican tus palabras? Y los tipos que se ligan a todas las chicas, que solo las toman por una noche, ¿ellos qué son? ¿Tipos ingenuos, o chicos que son *cool*, o que tienen pegue, o no importa cuál sea la expresión que está de moda? ¿Comprendes lo que dices, Emma? Insiste.

—¡Sí! ¡Lo comprendo! ¡Todos los días! ¡Entiendo que humillé a mis padres! ¡Comprendo que perdí todo lo que era! ¡Tengo tanta vergüenza! ¡Tanta que ni siquiera me atrevo a decirlo!

—Si alguien tiene que sentirse avergonzado en esta situación, ¡son ellos! ¡No tú! ¡La vergüenza tiene que cambiar de dueño! ¡No te pertenece! grita Evelyne con vehemencia.

—¡Pero yo me quería acostar con él! ¡Yo lo quería! ¡Si no me hubiera pegado en la cabeza, habríamos tenido relaciones sexuales normales! Habríamos hecho el amor…

—No nos importan las razones que te hayan motivado, ¡tienes derecho a cambiar de idea en cualquier momento! ¡Y eso no te convierte en una chica que no está a la moda, ni en una imbécil, o en una pobre ingenua! ¡Eso te hace una mujer que tiene derecho a decir que no, y eso es todo! ¡Desde el momento en el que Zackary dejó de tener tu consentimiento, cometió una violación!

—¿Entonces por qué me siento tan mal? ¿Sucia, culpable? ¿Responsable de lo que me pasó?

—Porque el mundo en el que vivimos así lo quiere. La culpa de una violación automáticamente se le atribuye a la mujer, porque se dice que ella se lo buscó, por vestirse sexi o porque dejó que los hombres coquetearan con ella, o porque le cerró el ojo a uno de ellos un día en el que se sintió bonita y audaz. Las violaciones se cometen a diario en todo tipo de situaciones, por toda clase de "razones", pero ciertamente jamás por culpa de aquellas o aquellos que son las víctimas. Ya sea que sea bonita, que esté borracha, que sea gorda, que esté medio desnuda, que sea fea, que esté sola en la calle, que sea alegre, mayor de edad, discapacitada, o lo que sea, la persona a la que violan, ¡JAMÁS es responsable de lo que le pasó! continúa Evelyne. ¡Jamás!

Y yo me pongo a gritar:

—¡No entiendes nada! … no necesito que me des lecciones sobre violaciones… eso es lo que yo quise, porque eso me gustó, que me violaran!

177

—Emma, por favor…

Me levanto, comienzo a caminar de un lado a otro y al mismo tiempo me retuerzo las manos. Tan fuerte que mi piel podría abrirse y dejar a simple vista la herida purulenta que me envenena por dentro. ¡Hace mucho tiempo que no pensaba en eso! Pero ahora, con todas sus preguntas, Evelyne está abriendo un cajón que me había prometido no volver a abrir jamás. Ese cajón en mi cabeza en el que escondí *eso*, con doble llave, tapiado, porque me amenazaba con devorarme debajo de una ola de vergüenza, de rabia y de angustia.

—Ayúdame a comprender, me pide dulcemente Evelyne al sentarse a mi lado.

Casi sin aliento y a punto de sofocarme, grito, con los ojos cerrados para no ver la desaprobación en su rostro:

—¡Tú no sabes nada de nada! ¡Yo… tuve un orgasmo, Evelyne! ¿Entiendes? ¡Un orgasmo! ¿No es asqueroso eso? ¡Si tuve un orgasmo es porque tenía ganas de que me hicieran daño! ¡Me lo busqué y me salí con la mía! ¡Si pudiera, me vomitaría a mí misma de tanto asco que me doy!

Ya está, lo dije.

Jadeando, me quedo plantada allí. Vacía. Se acabó. Ya no tengo nada que ocultar. Acabo de soltar mi bomba: me violaron y … lo gocé. Ese orgasmo —*ese*—me convierte en un monstruo. Soy incapaz de vivir con esa nueva identidad que me ha dado. Yo, Emma Delacruz, joven de buena familia, convertida en un monstruo…

Tiemblo con todo mi cuerpo. La pared frente a mí se cubre con manchas negras. Me siento caer al suelo. Debí perder el conocimiento porque, al abrir los ojos, Evelyne está de rodillas a mi lado. Desliza su brazo debajo del mío para ayudarme a levantarme, pero me suelto violentamente.

—¡No, déjame! ¡No me toques!

Ella obedece a mi petición y se sienta de rodillas frente a mí.

—Emma, mírame por favor.

Me tapo la cara con las manos.

—¡No! ¡tengo… demasiada vergüenza!
—Está bien, está bien, no tienes que hacerlo. Solo quiero que sepas esto: el hecho de que hayas tenido un orgasmo no es algo anormal. No es el tipo de sensación que uno quisiera tener en un contexto como ese, estoy de acuerdo, pero es un mecanismo natural del cuerpo; está programado para reaccionar ante ciertos estímulos, incluso a pesar de nuestra voluntad. Solo hizo su trabajo. No debes olvidar que tu cuerpo estaba preparado para recibir ese orgasmo. Antes de que esa noche las cosas se descompusieran, tú querías **hacer el amor** con Zack. Tú lo querías, lo deseabas. ¿Entiendes lo que te digo? No te gustó que te violaran, Emma. ¿Cómo podría ser eso posible? No eres ningún monstruo.

Sacudo mi cabeza todavía escondida entre mis manos.

—Podemos volver sobre esto otro día, si quieres. Comprendo que puede ser muy difícil hablar de ello. Pero, sabes, Emma, continúa, eso no quiere decir que te haya gustado lo que Zackary te impuso salvajemente. Simplemente quiere decir que eres humana.

Veo a Evelyne a través de mis dedos entreabiertos. Sus ojos desbordan compasión. Lo que hago enseguida tal vez resulta irracional y ciertamente no respeta su ética profesional, pero me tiene sin cuidado. Me aviento en sus brazos.

—Oh, Emma, dice en medio de un suspiro mientras acaricia mi cabello.
—¿Soy humana, Evelyne? Soy humana.

Lo repito para convencerme:

—No soy un monstruo. Soy humana. Soy humana…
—Sí, eres humana, preciosa. No hay ninguna duda al respecto.

28 de agosto

—¿Por qué no me lo dijiste, Em? Yo hubiera podido... hubiera...

—¿Qué hubieras podido? ¿Lo ves, Lau? No sabes cómo reaccionar ante esto.

—¡Bueno! ¡Al menos dame el beneficio de la duda! ¡Es muy fuerte!

—Sí, lo entiendo..., respondo simplemente luego de haberle contado *eso*.

Desde que hablé con Evelyne estoy un poco mejor. Me quité un peso enorme de los hombros. Me pude dar cuenta de que, esa famosa mañana al llegar a casa, debí tomar la decisión inconsciente de hacer eso a un lado. El trauma que había vivido ya era demasiado grande, que resultaba impensable agregar algo más de ese tamaño. Tenía que encontrar la manera de protegerme de esa vergüenza adicional que me corroía por dentro. Mi famoso cajón...

Aún siento que mi cuerpo me traicionó, pero, al menos, está un poco más claro en mi cabeza. Escribí en mi cuaderno unas letras enormes sobre lo que me dijo mi trabajadora social y a menudo vuelvo a leer la frase: "Soy humana." Desatamos un horrible nudo aquella vez.

—Nunca pensé que pudiera pasar algo así…

Laurie sigue en shock por mis revelaciones.

—¡Es como el peor momento de toda tu existencia! ¡Seguramente no tienes ganas de gozar cuando te están violando! ¡Es un insulto total!
—Sí… pero luego de mi encuentro con Evelyne, fui a investigar en Internet y encontré muchos testimonios en distintos foros. Mujeres jóvenes y también adultas que decían haber vivido lo mismo que yo. La vergüenza y el asco que ellas sentían, su sentimiento de culpabilidad, la sensación de que todo había sido culpa de ellas, que eran unos monstruos o eran anormales… como yo, en el fondo…

Laurie pone su mano sobre la mía como para darme apoyo.

—La comparación es patética, pero es como cuando alguien te hace cosquillas. No puedes impedir que tu cuerpo reaccione. Pues es lo mismo que me pasó…

De pronto, pierdo las palabras que iba a decir probablemente más para convencerme a mí que a Laurie. Suelto una risita nerviosa.

—Es correcto, preciosa, dice Laurie como si entendiera lo que intentaba hacer. Lo sé.

—Me hace mucho bien hablar contigo, Lau. Gracias por estar conmigo.

—Deja de darme las gracias, me regaña. Aquí estoy, eso es todo. Tú harías lo mismo si yo estuviera en tu lugar.

Tomo una respiración profunda. Tengo otro "anuncio" que hacer.

—También hablamos de otra cosa, Evelyne y yo. Hay fuertes probabilidades de que vuelva a ver a Zackary. De hecho, también a los otros dos.

Laurie escupe su trago de limonada en el pasto. Estamos sentadas debajo de un árbol en el jardín de la universidad.

—¿Es broma?

—De verdad no tengo elección. Todos se declararon inocentes. Tengo que volver a verlos en la corte. De hecho, no estoy obligada a verlos. Podría dar mi testimonio por teleconferencia o algo así…

—Espero que hayas elegido esa opción, dice mi amiga indignada.

—Todavía no lo sé. Por un lado, tengo ganas de enfrentarlos, de enseñarles que no me quitaron todo. Por el otro, tengo miedo…

—¿Podría ir contigo? ¡Solo para arrancarles sus jetas de cretinos imbéciles!

Sonrío, aunque sin muchas ganas.

—Tengo que pensarlo. Aún no lo he decidido. Además, Evelyne me ha propuesto unas reuniones de grupo, con personas de mi edad. Cree que eso podría ayudarme a pensar, el hecho de ver cómo viven otras mujeres después de ser agredidas. Acepté...

—¡Hola, chicas!

Laurie y yo volteamos al mismo tiempo. Es Alexis.

—¿Cómo están? nos pregunta al sentarse.

Laurie se muerde los labios, visiblemente molesta. Estábamos en plena plática las dos. ¡Además, se instaló sin invitación!

—No me has llamado, Emma. Sé que no ha pasado mucho tiempo, pero...

Laurie abre los ojos.

—Lo sé, Alexis. Pero el otro día te... te dije que no tengo cabeza para eso.
—¡Vamos, Emma! ¡Te juro que no te arrepentirás! Podría hacerte una cena digna de los mejores chefs, luego vemos una película y te llevo a tu casa.
—No tengo muchas...

Miro a Laurie mientras levanta los hombros. Quiere decir "suena bien", ¿no? La conozco bien, seguro quiere que diga que sí.

—Bueno, está bien.
—¿De verdad? se asegura. ¡Perfecto! ¡Te voy a organizar algo súper *cool*! Mándame tu dirección por texto, paso por ti. Hoy a las siete, ¿te queda bien?
—O...Ok.

Tamborilea sobre la mesa y se aleja por fin. Ya me arrepentí de haber aceptado,

—¡No me habíais contado que este te había dado su teléfono! me reprocha Laurie muerta de risa.
—Pensé que ni valía la pena mencionarlo…
—Es buena idea, Em. Alexis es un chico muy lindo. De verdad estaba todo el tiempo preocupado por ti. Y será un cambio de las paredes de tu recámara.

Me obligo a sonreír.

—Supongo que tienes razón…

***

—Es una comedia romántica. ¿Espero que te gusten? verifica Alexis al mismo tiempo que mete la película en el reproductor.
—Sí, está bien.

Me siento cómodamente en el sofá antes de darle un trago al ponche de frutas que preparó delante de mí. ¡Está súper rico! Creo que está delicioso para terminar la cena.

Tengo que admitir que hasta ahorita me la estoy pasando muy bien. Desde el 14 de julio hasta esta noche, no le había hecho ni un espacio al placer. Me doy cuenta de que me hubiera hecho muchísimo bien vivir una apariencia de normalidad.

Alexis viene a sentarse conmigo. Está tan cerca de mí que puedo escuchar su respiración. Pongo mi vaso sobre la mesa y aprovecho para poner un poco de distancia entre nosotros.

Luego de escoger algunas opciones en el menú principal, la película comienza por fin.

—Oye, susurra Alexis.

Giro ligeramente para verlo. En su rostro puedo leer una emoción que no tiene nada que ver con la historia que se desarrolla en la pantalla. Decido no darle mucha importancia a su actitud y me concentro de nuevo en la película, con la esperanza de que él haga lo mismo. Pero siento su mano deslizándose sobre mi mejilla y un desagradable escalofrío me recorre el cuerpo. No puedo ignorarlo más.

—Tengo muchas ganas de besarte, Emma… murmura con deseo evidente en la voz.
—Detente…

Es todo lo que logro articular con un tono casi de súplica. Pero él continua y pone su mano libre en mi hombro para atraerme hacia él. Yo lo dejo, a pesar de mi malestar. Pero no porque tenga ganas. Porque tengo la impresión de que decir que "no" no cambiará nada. Ya no hice una vez y no resultó. Entonces, me quedo petrificada y muda.

Su boca se pega a la mía con delicadeza, como si intentara domarme, y me besa suavemente. No puedo impedir apretar los labios, para evitar demasiada intrusión. Cuando al fin entiende que no tengo intenciones de participar, se detiene.

—Yo… lo lamento. Es solo que eres tan bonita. Yo…
—¿Y si vemos la película ahora? le propongo.

Dócilmente, Alexis vuelve a poner su atención en la televisión. Han pasado como diez minutos y yo escucho distraídamente los diálogos. Estoy en estado de alerta, atenta al menor movimiento. Alexis se mueve sin parar, como si algo le incomodara.

—¡No puedo escuchar la maldita película! exclama al fin. Es muy difícil contigo junto a mí. Hay algo embriagante en ti…
—Alexis…

Me corta sin más.

—Creo que tú y yo… los dos sabemos que soy un buen tipo, ¿no? No te deseo nada malo. Solo quiero que te sientas bien, eso es todo. Déjame demostrarte qué tan tierno puedo ser…

Me abraza para besarme de nuevo. Me quedo quieta y no hago nada, no digo nada, como un muñeco desarticulado. Sin pronunciar ni una palabra. Es mucho más fácil que cualquier discusión que podría seguir.

Lentamente, Alexis se recuesta sobre mí. Sigue besándome con pasión, con los ojos cerrados. Sus manos se pasean por mi cuerpo, lo acarician y lo soban. Mis pechos, mis caderas, mis nalgas. Sigo cada uno de sus movimientos con los ojos abiertos, como si quisiera vigilarlo. Su cuerpo exuda placer por cada uno de sus poros. El mío no. Luego me quita la camiseta por encima de la cabeza y devora mi pecho con la mirada.

—Oh, Emma, no sabes cuánto tiempo he esperado esto…

De inmediato hunde su cabeza entre mis senos y se pone a lamerlos con avidez. Mete una mano por mi espalda y, de pronto, ya no siento la tensión de mi sostén. Lo desliza por mis brazos, con los ojos fijos en los míos, expresando una mezcla de ternura y deseo. En seguida se pone a mordisquear mis pezones mientras intenta desabrochar mis pantalones.

Cuando solo me quedan las pantaletas, se levanta y se desviste con mucha prisa. Yo me siento y escondo mis pechos bajo mis brazos cruzados. Viene y se para frente a mí con el pene apuntando a mi nariz.

—Vamos, Emma, tócame.

Su tono es urgente, impaciente. Y como yo no me muevo, toma una de mis manos, la pone sobre su miembro y hace los primeros movimientos de vaivén, lento, torciéndose de placer.

Detrás de él, el personaje femenino de la película y el masculino se besan apasionadamente. No les falta mucho para gozar juntos, en perfecta comunión.

—Quítate la pantaleta, por favor… me pide Alexis.

Yo obedezco como un robot. No piensa ni por un segundo en lo que pasa por mi cabeza. ¿No se da cuenta de que estoy al revés? Parecería que, para él, lo único que cuenta en este momento es hacer el amor.

—¿Ves cómo soy tierno, mi bella Emma? Yo al menos, me tomo la molestia de pedirte.

Ah, ¿tal vez al fin se preocupa por mí? Busca en sus jeans y saca un condón de su bolsillo. Abre la envoltura y se lo pone rápidamente. Como autómata, me recuesto de nuevo en el sofá.

—Son súper buenos estos condones. Muy lubricados, te van a encantar.

Sin perder ni un segundo más, da un golpe para penetrarme; entra y sale ágilmente. Yo busco en mí la más mínima sensación de placer. Nada. Literalmente nada.

De pronto, Alexis se pone rígido antes de soltar un gemido de satisfacción. Siento sus espasmos de gozo. Se deja caer en mí, jadeando.

En la televisión, los dos enamorados se abrazan tiernamente…

20 de octubre

—¿Estás lista, bebé?
—¡Sí, ya no tardo!

Me pongo unos aretes frente al espejo. Tengo ganas de verme muy bonita esta noche. Mi novio me invitó a la fiesta de cumpleaños de uno de sus amigos. Quiero causar una buena impresión, después de todo, es la primera vez que voy a conocerlos oficialmente.

Desde aquella noche en casa de Alexis, ahora somos pareja. De hecho, me costó un poco de tiempo hacerme a la idea, porque tenían sentimientos extraños por lo que pasó —o *no* pasó—en mí. Me obsesionaba la idea de que algo en mí estaba roto. Después de todo, ¡Alexis me llenaba de ternura! Entonces, ¿por qué yo no sentía nada positivo? Todo lo que sentía era vergüenza. Vergüenza por no sentir nada, vergüenza de no resistirme, vergüenza de encontrarme con la sensación de que había sido utilizada, una vez más.

Pero Alexis me trata bien y el hecho de que sepa por lo que pasé lo vuelve más comprensivo en cuanto a algunas de mis reacciones. Hemos hablado mucho de eso; según él, si no siento placer cuando hacemos el amor, es porque mi cuerpo todavía no está listo. Física y emocionalmente, tiene sentido. Mientras esperamos, seguimos haciéndolo… él cree que, con el tiempo, todo volverá a la normalidad, y que, un día, me sorprenderé ante un orgasmo majestuoso. Me urge que llegue ese día. Me urge sentirme normal de nuevo. Me urge volver a tener el control de mi cuerpo. De mi vida.

***

Mientras que Alexis nos conduce a nuestro destino, le mando un texto a Laurie. Hace al menos dos días que no hablamos.

—*¡Hola! ¡Voy camino a la fiesta! ¿Todo bien?*

Su respuesta llega de inmediato.

—*¡Sí, sí! He tenido muchísimo trabajo. ¡Me urge que ya acabe el semestre! ¿Vas a venir a la fiesta de fin de curso?*

—*¡Yo creo que sí! ¡Te aviso! ¡Te quiero, amiga!* <3

—*xoxoxo*

Al mirar por la ventana, tengo la idea fugaz de que voy mejor. No es perfecto y jamás lo será, puedo darme cuenta. Hay días en los que caigo de nuevo y veo todo negro. Pero, desde que salgo con Alexis, puedo contarlos con los dedos de una mano. De hecho, mis reuniones con Evelyne han sido cada vez menos frecuentes y eso no me molesta demasiado. Hace muy poco tiempo la veía como mi balsa de salvación. Ahora, ya puedo nadar sola. No por mucho tiempo, pero sí puedo. Mis primeras reuniones de grupo se acercan. Me muero por ver cómo serán.

Alexis encuentra pronto un lugar para estacionarnos. Entramos en el restaurante tomados de la mano y con una sonrisa en los labios. Muchas personas se acercan a saludarnos cariñosamente. Alexis queda completamente absorbido por sus amigos y yo me hago a un lado a la espera de que me presente, aunque parece haberme olvidado por completo.

La sonrisa que portaba voló por los aires cuando me topé frente a frente, ni más ni menos, que con Pan de avena. Me saluda con voz dudosa.

—Hola, Emma. ¿Cómo… cómo estás?

Soy incapaz de verla a la cara. Su sola presencia me remonta a semanas atrás, al corazón de los acontecimientos que pusieron mi vida de cabeza. Escucho sus advertencias en mi mente. En ese momento estaba segura de que ella estaba celosa porque parecía que algo estaba naciendo entre Zack y yo. Me equivoqué al mil por ciento. Y lo pagué caro. Muy caro. Respondo con voz muy baja y seca:

—Estoy bien.
—Sí… Mira… lamento mucho haberte hecho la vida difícil. Te prometo que no iba dirigido contra ti. Pero nunca me hubiera imaginado que Zackary llegaría tan lejos. Quiero decir, sabía que tenía un pasado dudoso,

y que a veces se volvía medio loco, pero lo que hizo, lo que ellos hicieron, sobrepasa por mucho lo imaginable. En todo caso, lo que es seguro es que él debe...

La corto en seco:

—Te deseo linda noche, Emilie.

Me dirijo casi a ciegas hacia el baño, abro una de las puertas y me refugio en el gabinete. Pongo el seguro y me apoyo contra la puerta, haciendo todo lo posible por aguantarme las lágrimas. ¡No quiero llorar! ¡Vine aquí a divertirme!

Respiro profundamente y decido salir de mi escondite. En el espejo me aseguro de que mi maquillaje no se haya corrido. Ajusto mi chamarra y miro mi reflejo.

Me repito como un mantra:

—Ellos no te quitaron nada. Eres normal. Humana.

Pero no funciona. Imágenes de los últimos meses bombardean mi mente una tras otra. Tengo ganas de aventarme por la ventana. Pero eso sería como darles la razón, dejarlos ganar, demostrarles que lograron destruirme. Aun cuando todos sepamos que eso fue lo que pasó.

Pongo mis manos en mi cara y ellas se van moviendo tranquilamente hacia mis sienes. Comienzo a darme de golpes, intentando desesperadamente ahuyentar ese espantoso malestar. Hace mucho que ya había parado de hacer eso.

Uno de los gabinetes se abre bruscamente. Estaba segura de estar sola en el baño. La chica me lanza una mirada inquieta.

—Dios mío, ¿te sientes bien?

Le respondo con una vaga sonrisa, recojo mi bolso con una mano temblorosa y me alejo rápidamente. Cuando llego al salón principal, busco a Alexis con la mirada. Está hasta el fondo hablando con un grupo en el que está Emilie. Inhalo profundamente y echo los hombros hacia atrás como para darme apoyo. Todo está bien. Llego hasta dónde están y logro escuchar pedazos de la conversación:

—¡Claro, es ella! ¡Mi novia es la chica que fue violada! ¡Yo estaba allí cuando todo pasó! Fui yo el que la salvó. Gracias a mí no se le subieron todos encima…
—Cállate, Alexis, dice Emilie. No deberías de hablar así. Emma vivió un infierno. Después de eso, ¿cómo puedes llevar una vida normal? Seguro que no es nada divertido para ella.

Súbitamente, la cabeza me da vueltas. No veo claro, comienzo a retroceder con paso incierto, buscando una salida. Pero ya. Tengo que salir de inmediato. Una vez afuera, quedo totalmente desorientada. Me integro con la cabeza agachada a un grupo de peatones; algunos ríen, pensando que estoy borracha, otros me gritan que me largue. Debo parecer una verdadera loca.

Enfrente hay una parada de autobuses. Corro hacia allí, me estrello contra la pared de vidrio y me dejo caer al suelo, sacudida por un fuerte llanto. ¡Soy una verdadera idiota! ¡Soy la chica más ridícula del mundo! ¡Me detesto! ¿Cómo puede alguien ser tan estúpido? Golpeo fuerte mi cabeza contra la pared de vidrio.

—Eh… ¿estás bien?

Me sobresalto y volteo a ver a mi derecha. ¡Mierda! Hay alguien en la parada de autobús y no me había dado cuenta. Me enderezo mal que bien mientras el chico sigue allí, de intruso, con la frente arrugada. Bueno, una humillación más para esta noche.

—¿Puedo hacer algo por ti?

Inhalo con pequeños espasmos. ¿Por qué se preocupa este tipo por la vida de una perfecta desconocida? Da un paso en mi dirección y yo me hago hacia atrás. ¿Qué quiere de mí? Levanta las manos frente a él como para apaciguarme:

—OK, OK. Está bien, no me muevo.

Busca en su *back-pack* y me da un paquete de pañuelos.

—Toma, parece que los necesitas.

Casi se los arranco de la mano. Regreso a mi rincón mientras me seco las lágrimas y me sueno con fuerza.

—Por cierto, me llamo Louka. Mi madre me puso así porque, cuando era pequeña, tenía un perrito que se llamaba igual. Yo digo que, seguro cuando nací, debí tener cara de perro. Así es. Cuando me presento con alguien, no puedo impedir pensar en esa historia.

Me pregunto si el tipo no será un poco retrasado. Pero cuando mis ojos se topan con los suyos, veo una inmensa sonrisa que ilumina toda su cara. Está muy lejos de ser un psicópata. Lo único que intenta es hacerme reír. Pero no tengo nada de ganas.

—OK, dice. Público exigente.

A lo lejos, detrás de él, veo venir un autobús.

—¡Ah! La 47. Esa es la mía, me informa como para averiguar también mi itinerario.

Una mujer mayor va a bajar y se toma su tiempo para no romperse la cara. Al momento en el que subo a bordo, el chico —Louka— me dice una última palabra:

—Oye, no importa lo que te torture, estoy seguro de que puede arreglarse.

Le devuelvo una sonrisa amarga.

—Hay veces en la vida en que las cosas están hechas para ser insuperables.

**

Al fin llego a casa. Completamente vacía, me dispongo a subir a mi habitación, cuando una lámpara se enciende en la sala, como por arte de magia.

—¿Puedo saber en dónde estabas, Emma? me pregunta mi madre, instalada a media luz.

—Salí con unos amigos, mamá. Lo hablé con papá. Estoy… estoy cansada, me voy a acostar…

—¿Estabas otra vez de fiesta? ¿No aprendiste la lección la última vez?

Justo había empezado a subir los escalones, pero me detuve de golpe. En mi cabeza, una cosa más acababa de romperse. Como líquido envenenado, una rabia negra se extiende dentro de mí. En ese instante, entiendo por qué Evelyne me preguntaba si había gritado, o al menos, había expresado de vez en cuando cómo me sentía. Nunca lo había hecho con mi madre. Pues bien, ya es hora de que suceda. No importa qué palabras saldrán de mi boca ni cómo, estoy hasta la madre.

—¿Qué? ¿Qué dijiste?

—Si te hubieras comportado de acuerdo con tus valores, esos que me he empeñado en enseñarte, ¡esto jamás hubiera pasado!

—¿Sabes cuántas veces me he hecho la misma reflexión? Digo gritando. Cuántas veces me he dicho: "¡Si te hubieras ido con Laurie, jamás te hubieras metido en este mierdero!" Pero, ¿quieres que te diga? ¡Tomé una decisión esa noche y no me puedo pasar el resto de mi vida lamentándola! ¡Si no, me voy a querer morir, mamá! ¿Me oyes? ¡Morir! ¡Me detesto! ¡Me odio por haber sido tan estúpida por un chico! ¡Siempre me he portado bien, mamá, sobre todo, porque quería que te sintieras orgullosa de mí! Pero soy humana, mamá, ¡Humana! ¿Sabes lo que eso significa? Sí, cometí un error, y en parte fue mi culpa, pero, ¿tú me lo vas a reprochar toda mi vida?

Casi me quedé sin voz por haber gritado tanto y me falta un poco el aire, así es que me callo. Mi madre mueve las pestañas con una velocidad impresionante. ¿Será porque le acabo de gritar por primera vez en mi vida, o será por lo que le dije? A estas alturas, ya me vale. Tenía que sacar todo.

Escucho pasos pesados en la escalera.

—¿Qué está pasando aquí, por Dios?

Murmuro entre dientes:

—Pregúntale a ella.

No me quedo para ver su reacción. Corro a encerrarme en mi habitación.

**

21:12
—¿Emma, ¿Dónde estás?

21:30
—¿Por qué no respondes mis mensajes?

22:00
—¿No te sentías bien? ¿Por eso te fuiste sin avisarme?

Leo los mensajes de Alexis y no le contesto. De hecho, hay media docena más. Y eso sin contar las insistentes llamadas.

Tengo que terminar.

Justo cuando me dispongo a llamar, mi teléfono suena. Es Alexis. Sin permitirle decir ni una palabra, le reclamo:

—Te escuché hablar de mí, sabes.

—¿Qué? Yo...

—¡Basta! grito. ¡Te digo que te oí! Pensé que querías cuidarme... pensé que de verdad...

Al otro lado de la línea, él respira lentamente, creo que buscando las palabras para tranquilizarme. Pero, ¿qué esperaba en el fondo? Nunca sentí nada por él. Un poco de afecto, porque él me lo daba a cambio. Eso es todo. Me permitía pensar que era normal. En fin. Pero esta noche, lo único que hizo fue enterrarme más en mi hoyo.

—Escúchame, Alexis. Te voy a decir lo que tienes que hacer. No vuelvas a llamarme. Has como si jamás hubiera existido, eso nos hará bien a los dos.

—Emma, espera, yo...

Cuelgo.

31 de diciembre

¡Es casi medianoche, Em! ¡Quería ser la primera en desearte muy feliz Año Nuevo! Puedo ver que has cambiado, y no es solo negativo. Te quiero, mi mejor amiga, ¡hasta el próximo año!
xoxoxo

El mensaje de Laurie me hace sonreír. Le respondo de inmediato, recordándole también que la quiero mucho y que es muy importante para mí.

En el restaurante en el que reservamos hay un ambiente de fiesta. Toda la familia está aquí; las personas sonríen, se abrazan, se cuentan los mejores momentos del año, con una copa de champaña en la mano y con alegría en el corazón. A medianoche, sueltan una tonelada de globos de colores festivos que habían estado detenidos en el techo, y todos nos caen sobre las cabezas. Mi corazón no está lleno de alegría. No tengo nada que festejar. Ni el pasado, ni el presente, ni el futuro.

Miro hacia todos lados en busca de un poco de consuelo. Me cruzo con los ojos de papá que parece contemplarme desde hace un momento. Me sonríe con ternura. "Estoy aquí", es lo que puedo leer en su rostro. A pesar de mí, también la busco a ella. A mamá, quiero decir. Una vez que la encuentro entre la multitud, me doy cuenta con sorpresa que ella también me mira. Sin embargo, en cuanto nuestras miradas se cruzan, ella se voltea, como si la hubiera sorprendido *in-fraganti*.

Hace mucho tiempo que no tenemos una conversación auténtica ella y yo. De hecho, no desde lo que pasó cuando volví a casa, luego de esa famosa noche con Alexis. El muro que nos separa, parece ser insuperable, recubierto de varias capas de amargura e incomprensión. Se ha hecho más fuerte cada vez y yo ya no tengo energía para derribarlo.

Una de mis primas más pequeñas se pasea por el salón y reparte silbatos y dulces. Ya casi es el momento.

—¡Para ti, Manou! me dice recordándome el apodo que me pusieron hace años en la familia.

—Gracias, Florence. ¿Cuáles son tus propósitos para el año que viene?

—¡Comer menos dulces! responde luego de una corta reflexión. ¿Y los tuyos?

—Yo… yo voy a intentar cuidarme.

—¡Ah! ¡Qué seria suenas, prima!

Su despreocupación me lastima. Recuerdo que yo también era así antes. No hace mucho. Antes de que mis ilusiones se esfumaran.

La tía Marnie, mamá de Florence, aparece detrás de ella.

—¡Vamos, de prisa! ¡Ya casi es medianoche!

Florence obedece y se aleja saltando de alegría. Mi tía se planta frente a mí con sus aires de grandeza.

—¿Cómo estás, querida Emma?

Si poder contenerlo, suelto un largo suspiro. Esa es LA pregunta que todo el mundo me hace. Pero, en realidad, la respuesta les importa muy poco. De hecho, no, más bien creo que desearían escucharme decir sí, solo sí. No quieren saber la verdad, saber que quisiera regresar el tiempo hasta el 13 de julio y cambiar los acontecimientos, que agonizo ante la idea de no volver a tener una vida normal, que a veces —muy a menudo— quisiera desaparecer… Sé que todos piensan que me hacen bien con esa pregunta banal. Estoy convencida. Pero ya estoy más que harta de sus torpes esfuerzos. Me gustaría mucho más que cerraran la boca, ¡sería mucho más sencillo!

Me obligo a ponerle mi mejor sonrisa y respondo:

—¡Estoy tan bien, tía, que no tienes una idea! ¡Si quieres, puedes transmitirle el mensaje a mamá!

Tras esas palabras, me levanto y salgo del salón. ¡Daría algo por ver la cara que puso en ese momento! Me pongo mi abrigo al mismo tiempo que me pregunto en qué estaba pensando cuando decidí venir. Debí escucharme y quedarme escondida debajo de mis cobijas. Me siento de verdad depre.

Cuando estoy a punto de salir al exterior, veo una gran terraza cerrada con ventanales, adornada con vides secas que trepan por las paredes, decoradas por cientos de lucecitas. Como está vacía, decido ir allí. Al pasar, escucho partes de las conversaciones. Todas las personas están felices y festejan. Quisiera dejar de escuchar. Dejar de tenerles envidia.

Una vez en la terraza, cierro la puerta y corto el ruido. Al fin puedo respirar. Me dejo caer en uno de los bancos de madera *híper kitsch*. A través de los grandes ventanales veo gordos copos de nieve que revolotean con gracia. Por el espacio de un instante, me siento totalmente absorbida por el espectáculo frente a mí.

—¡Tú!

Brinco al escuchar la voz clara y profunda. Me levanto y cruzo los brazos encima de mi pecho. Incrédula, no puedo impedir una sonrisa.

—¿Louka?

Sale de la penumbra. Entonces me doy cuenta que está vestido con un traje muy elegante.

—Hay algo que no me cuadra en esta situación, dice. Tú puedes llamarme por mi nombre, pero yo no puedo hacer lo mismo contigo.

Sonrío.

—Me llamo Emma.

Toma su lugar en el respaldo del banco en el que estaba instalada.

—Puedes sentarte junto a mí, si quieres. Pero no muy cerca. No es como si nos conociéramos bien.

No puedo impedir reír. Es bastante gracioso.

—Está bien, me voy a quedar de pie. De todas formas, llevo mucho tiempo sentada.
—¿Si entiendo bien, las grandes reuniones de familia no son tu estilo?
—No realmente. Tenía que salir de allí, me estaba ahogando.
—Igual que yo.

Un silencio flota entre nosotros. Sus ojos están clavados en mí.

—¿Qué? pregunto mientras subo los brazos a cada lado de mi cuerpo. ¿Por qué me ves así?
—Por nada. Te veo, eso es todo.

Levanto la vista al techo con una carcajada. Él también sonríe. Uno pensaría que es la regla en él. Sonreír. Es como un viento fresco sobre mi piel envejecida prematuramente por la tristeza.

Va a decir algo, pero se detiene por que unas personas comienzan la cuenta regresiva para el Año Nuevo.

—*Cinco... cuatro... tres... dos... uno. ¡Feliz año!*

La gente se abraza, se besa, se mira a los ojos y se dice lo que parecen ser palabras dulces. Desde aquí me parece un espectáculo magnífico. Personas que se ofrecen amor, buena voluntad y generosidad, sin malas intenciones. Quisiera que ese fuera mi caso.

Cuando volteo a ver a Louka, está de pie, con las manos en los bolsillos y me observa con una sonrisa en los labios. Otra vez.

—Feliz año, señorita.
—Feliz año, señor, digo con una ridícula reverencia de la que en seguida me arrepiento.
—¿Sería mucho pedir que me dejaras darte tu primer beso de Año Nuevo, me imagino? bromea evidentemente.
—¡Sí, mucho!
—Sí, eso pensé...

Ahora le toca a él estar de pie y a mí sentarme en el banco.

—¿Estás mejor que la última vez que nos vimos?

Me lo pregunta como si se tratara de un buen amigo en el que confío hace tiempo. Un poco como Laurie, solo que en versión masculina —además de muy seductor. A pesar de toda su amabilidad, no sé nada de él. ¿Por qué querría compartir algo con un extraño? Después de hoy, las posibilidades de volver a verlo serán de una en mil. La vida no hace el mismo regalo tres veces.

Aun así, respondo sin entrar en detalles:

—En realidad no.
—Sabes, fue en serio, el otro día, cuando te dije que podía ayudarte de cualquier manera que necesitaras.

—Eres muy amable, pero... te parecería... complicado...

—¿Por qué no me dejas juzgar eso a mí?

—Porque estoy dañada, Louka.

—Todos lo estamos, Emma. De una forma u otra. Yo, por ejemplo. Mi padre murió cuando tenía trece años. Antes de eso, éramos una bonita familia unida y todo. Como las de las películas, dice riendo. Pero rápidamente todo cambió. Mi madre cayó en el alcoholismo y el estrés causado por eso desató en mi hermana una sicosis que más tarde degeneró en esquizofrenia. De la noche a la mañana, me convertí en el hombre de la casa y tuve que recoger, pedazo a pedazo, lo que quedaba de las personas que amo. No fue nada fácil y todavía no es fácil hoy en día, pero me las arreglo. Ese tipo de cosas nos hace un poco más salvajes, pero nunca hay que rechazar a alguien que intenta domesticarnos. Si no, podemos dejar pasar de largo cosas verdaderamente *cool*...

Louka baja la cabeza. Parece estar sorprendido de haberse abierto tanto con una desconocida. Es muy valiente y, para ser honesta, me gustaría serlo yo también, y dejar caer un poco mis defensas.

La puerta de la terraza se abre de pronto. Es mi padre.

—Te estaba buscando, Emma. ¿Estás bien?

—Sí, todo bien, papá.

Me acerco a él y lo abrazo.

—¿No me presentas a tu amigo?

Veo a Louka que nos observa a papá y a mí.

—No… no nos conocemos realmente.

Le dirijo una sonrisa de pena a Louka. Lamento haber respondido de esa manera. Tal vez lo herí.

Mi padre me mece largamente en sus brazos y me susurra al oído todos sus deseos de amor para el año que comienza. A través de los ventanales puedo ver a Louka que regresó a admirar el espectáculo de los copos de nieve que caen. De pronto, se me apachurra el corazón por haberlo dejado allí solo. Nadie viene a verlo a él para decirle cuánto lo ama…

7 de enero

—Claire, Emma, dice mi padre con tono solemne. La situación en casa se ha vuelto insoportable desde hace ya bastante tiempo. Son madre e hija, deberían apoyarse en una prueba como esta y no tratarse como enemigas. Me da miedo que, si permito que las cosas sigan como van, ya no sea posible dar vuelta atrás.

Mi padre se seca la frente temblando. Debe estar muy nervioso.

—Ya pasó mucha agua bajo en puente. Ya es momento de que las dos puedan pasar a otra cosa.

—¿Cómo quieres que pase a otra cosa, Roberto? Yo no soy como tú. Yo no puedo simplemente tachar lo que pasó y olvidar, como si nada. Yo...

—Ah, ¿porque crees que así es como yo lo tomo? ¿Crees que simplemente olvidé y puse un tache sobre lo que le pasó a mi única hija? El hecho de que no diga nada no quiere decir que lo haya olvidado. Pienso en eso. Cada día. Simplemente intento dejar que cada uno viva su dolor a su manera. Ya les di tiempo, pero es evidente que no ha servido para nada. Les advertí que iba a intervenir si ustedes solas no eran capaces de arreglar sus diferencias.

—¿Qué quieres decir? pregunta mi madre, misma que seguro también se siente regañada por papá.

—Hice una cita con Evelyne. Va a recibirlas a las dos juntas.

—¿Qué? grita mamá indignada.

—¿Cuándo? pregunto igual de sorprendida que ella.

—Hoy mismo, responde.

—¡Pero es sábado!

—Sí, y es urgente. Aceptó con mucho gusto.

Se hace el silencio en la cocina. Mi padre parece estar orgulloso de lo que hizo. Confieso que yo no la vi venir. Como buen hombre, mi padre ha vivido su pena en silencio. Me siento mal por no haberlo tomado en cuenta en toda esta ecuación. Estaba tan obsesionada por lo que pasaba entre mamá y yo que lo hice completamente a un lado. Las dos lo hicimos.

Papá se levanta y se apoya sobre el respaldo de su silla.

—Vamos, al auto. Nos están esperando.

***

Como siempre, me siento frente al escritorio de Evelyne. Única diferencia: mi silla está de frente a mis padres que están sentados en el sofá del muro de enfrente.

—Alguien va a tener que romper el hielo si queremos avanzar, declara Evelyne.

Aún nada. Solo se escucha el tic-tac del reloj.

—De acuerdo. Comencemos contigo, Emma. ¿Cómo te has sentido con respecto a tu madre desde tu agresión?

Respondo sin ninguna duda:

—Abandonada.

—¿Abandonada? repite mi madre como si se tratara de la cosa más ridícula del mundo. ¡Me encargo de ti como una madre debe hacerlo! ¿Qué tienes que reprocharme?

—¿En dónde quedó la amiga, mamá? ¿En dónde quedó la que me consolaba, la que me comprendía, la que me amaba? ¿La que me decía que todo estaría bien?

—¡No sé! grita de pronto mi madre, temblando como una hoja. ¡No sé porque no creo que todo vaya a estar bien! ¡Tengo miedo por ti! ¡Temo que esta historia te persiga por el resto de tu vida y eche a perder todo! ¡Tenías un futuro maravilloso por delante! Ahora, ¿cómo le vas a hacer ahora?

—La vida de Emma no se detiene aquí, señora Delacruz. Tiene todavía derecho a muchas cosas buenas. Es cierto que será más difícil, pero su marido la describió como una mujer fuerte en nuestra entrevista telefónica. Ya se ha comportado con su hija de forma excepcional. Emma es una persona asombrosa y muy sólida. Estoy segura de que usted podrá ayudarla.

—¿Y si no puedo? ¿Si todo está perdido y no puedo hacer nada?

Me levanto y me tiro de rodillas frente a mi madre. Dudosa, tiendo mis manos hacia ella para tomar las suyas. En cuanto la toco, ella no se mueve.

—Yo también tengo miedo, mamá. ¡Mucho miedo! Pero te necesito. Necesito que tú me apoyes. Necesito sentir que me amas para convencerme de que todavía vale la pena avanzar. ¿Sabes? Si no, me voy a hundir y dudo mucho ser capaz de salir a la superficie de nuevo. ¿Comprendes, mamá? ¿Eh? ¿Dime que lo entiendes?

Trituro sus manos entre las mías. Tiene que saber que estoy al borde del abismo y qué tan delgada es la línea que me separa del salto. Y no habrá ningún globo en forma de nube para ayudarme a atravesar. Lo único que me espera es el vacío. El implacable vacío.

—Te entiendo, hija.

Con la garganta hecha nudo, suelto un llanto doloroso. Contemplo a mi madre como si fuera demasiado bueno como para ser cierto. Allí, así, en un instante, tengo la impresión de que acabamos de unirnos de nuevo. Somos madre e hija. Recuesto mi cabeza sobre sus piernas.

—Me doy cuenta de que este ha sido un gran paso, comenta Evelyne. Me da mucho gusto por ustedes. Pero recuerden que el camino todavía está plagado de pruebas. Acuérdense que es un trabajo de equipo.
—Yo… voy a intentar no olvidarlo, afirma mi madre al mismo tiempo que me ve.

Y a mí, un viento me eleva. Suavemente, algunos pedazos de mi corazón que se habían desprendido vuelven a su lugar. Solo falta ponerles el pegamento para soldarlos. Un poco de amor.

15 de enero

—Cuando me violó, estaba en la regadera. Me había dicho que me esperaba en la sala y yo le creí. Cuando entró, me puso la mano en la boca y me dijo que no me moviera o me daría una golpiza. ¡Dios... tiemblo nada más de pensarlo... me sentí tan estúpida en ese momento!

Stephanie nos cuenta cómo un chico que acababa de conocerla la violó después de un partido de *paintball* entre amigos. Fue hace un mes; me reconozco en muchas de las cosas que dice. Por ejemplo, el que esté pensando en eso sin parar, como si tuviera un parásito en el oído que todo el tiempo le canta una canción que detesta. Sé lo que es eso.

—Las historias de violaciones no siempre son solo eso: "me acorraló en una esquina y no pude hacer nada", dice indignado el único hombre del grupo. No siempre pasa en medio de violencia física.
—Tal vez. Pero es fácil para ti decirlo, Frank. Eres hombre, ¡puedes defenderte! ¡Tenemos que dejar de creer que las mujeres somos iguales a los hombres! dice molesta Vivianne.

—¡Uy! ¡Qué duras eres! exclama Audrey, otra de las chicas.

—¡Al menos déjame terminar! continúa Vivianne. Quiero decir que, en general, los chicos son más fuertes que las chicas. Aunque entrenemos como locas o tomemos clases de defensa personal, siempre nos llevan la delantera si nos dan una bofetada.

—Entiendo, pero me parece muy superficial pensar que la agresión sexual se limita a eso, insistió Frank.

—Pues para mí, esa es mi historia, se defendió Stephanie.

—Correcto, además no te quita nada que a mí me haya pasado así. Me manipuló para que me acostara con él. Me decía cosas como: "si me amas, te vas a acostar conmigo. Si me amas, me vas a dejar hacer lo que yo quiera."

—Todos hacemos eso un poco…, comentó Audrey. Y no necesariamente es con malas intenciones…

Evelyne aplaude para calmar a todos. Nos observa a cada uno con mirada seria antes de preguntarnos:

—Si de acuerdo con la ley, una agresión sexual es "un acto de carácter sexual, con o sin contacto físico, cometido por un individuo sin el consentimiento de la víctima, por una manipulación afectiva o por chantaje", y tomando en cuenta lo que acaban de decir, ¿cuál es el problema aquí? ¿La ley, o la manera en la que vemos las relaciones amorosas y sexuales?

—¡No quieres decir eso! clama Audrey. La sociedad está manipulada totalmente.

—¡Sí quiero! rectifica Evelyne. Bueno, para ponerlo más fácil, les haré una pregunta: ¿si una chica pasea sola de noche y la violan, es porque fue imprudente?

—Sí, dice Vivianne con convicción.

—¿Por qué? nos pregunta Evelyne.

—¡Porque eso no se hace! En todo caso, no en donde yo vivo…, comenta Audrey.

—Si hubiera ido acompañada por otras dos personas, ¿creen que las cosas hubieran sido distintas? continúa nuestra trabajadora social.

—¡Claro que no! No es como si un tipo se fuera a lanzar sobre tres chicas a la vez.

Todos ríen. Evelyne vuelve a poner orden.

—Por lo tanto, ¿si hubiera estado acompañada, eso no hubiera ocurrido? dice finalmente. ¿Entonces fue su culpa?

Sobre este punto, todos quedan en silencio. Las reflexiones que expresaron unos y otros ahora suenan falsas.

—Bueno… en ese caso, seguro que no, pero…

—Sin embargo, eso es lo que acaban de decir.

Se podría escuchar volar a una mosca. Evelyne continúa el ataque.

—Les pongo otro ejemplo. Un chico y una chica están en un sofá. Se gustan y se besan. Hasta aquí todo va bien. En un momento dado, el chico toca a la chica en el pecho, pero ella no quiere. Ella afirma que no está lista.

—¡Pues que se aguante! exclama Stéphanie.

Su comentario es como una patada en el estómago. Si he estado en silencio desde el inicio de la sesión, esta frase suena como señal de alarma. Tengo que tomar la palabra.

—¿Cómo puedes decir una cosa así cuando tú misma sabes lo que es que te obliguen a hacer algo que no quieres hacer? Esa es la definición de agresión sexual, ¿lo recuerdas?

Todos me miran asombrados, ya sea por mi respuesta, o porque, después de todo, sí tengo lengua. Stéphanie barre la habitación en busca de apoyo. Pero nadie parece querer apoyarla. Por el contrario, Evelyne me mira con una ligera sonrisa en los labios.

—Pero bueno... ¡tampoco hay que pasarse de listas! Hay chicas que piensan que es muy divertido jugar a hacerse las difíciles. Odio a esas mujeres. ¡Por culpa de ellas a las demás nos tratan como muñecas!
—¿Es por culpa de ellas o de la sociedad en la que vivimos? Continúo. ¡Esos comportamientos vienen de alguna parte! De la televisión, de los medios que, justamente, nos hacen creer que tenemos que jugar a darnos a desear. Pero en la vida real, lo que quieren meternos por todas partes es, ¡es pura mierda!

El silencio invade la habitación. Frank cruza los brazos y retoma la palabra.

—Saben, si lo pensamos, comienza con la vista fija en el vacío, volvemos un poco a lo que decíamos antes. No es normal que una chica crea que no puede salir sola de noche, porque podría ser peligroso. Es como... tenemos un grave problema.

—Sin embargo, todo el tiempo me repito eso, dice Vivianne. Que no debo buscarme problemas.

Evelyne suspira.

—Me da gusto escucharlos reflexionar. El concepto que acaban de describir tiene un nombre: se llama cultura de la violación. Y se trata justamente de hacer pasar como inadvertidos o correctos los distintos tipos de violencia sexual que sufrimos en la vida cada día. Lo que mencionaban hace rato son las consecuencias de ese fenómeno. Hacer parecer a la agresión como divertida o sin importancia, mientras que es totalmente lo contrario. Y atribuir la culpa a la víctima, más que al agresor. Vivimos en una sociedad en la que se les enseña a las niñas a no ser violadas, mientras que se les debería enseñar a los niños a no violar.

***

La reunión terminó y fui a una cafetería a pensar un poco en lo que se dijo. Era tan interesante y a la vez tan terrible. ¿A partir de cuándo empezó a ser normal, común y corriente, manipular a una persona para obtener lo que queremos de ella? Este tipo de cosas son las que nos deberían de enseñar en vez de aburrirnos con las batallas históricas. ¿Por qué nunca había oído hablar acerca de la cultura de la violación? Y nadie del grupo sabía que ese fenómeno existía. ¿Así es como se hace? ¿Tenemos que ser víctimas de una agresión para que se nos informe?

Pienso de nuevo en Alexis, en esa primera noche en su casa, y de pronto, mi respiración se acelera. Me doy cuenta de que una vez más sufrí una agresión sexual. Me violó de nuevo. Alexis me obligó a tener sexo con él. Porque yo no dije no. Porque no dije sí. Más bien me quedé allí, petrificada del miedo, incapaz de hacerle entender que me había convertido en una mujer que tenía un tiburón entre las piernas. Una mujer que tiene miedo del amor. Por mi silencio, no aceptaba nada. No fui capaz de decirle que tenía miedo. Y él se aprovechó de la situación, de mi vulnerabilidad para conseguir lo que quería. ¿Fue menos agresión sexual solo porque no grité? ¿Porque no me defendí? No dije que no, pero tampoco lo acepté libremente.

Agito la cabeza con la mente bombardeada por todas esas reflexiones. Entro en la cafetería y veo el menú encima del mostrador. Luego de ordenar, avanzo a la caja y me quedo con la boca abierta frente al chico que está detrás, igualmente asombrado.

—¡Mira, voy a pensar que me estás siguiendo, Emma!

Suelto una risita porque, francamente, la situación es irreal.

—¡Yo podría decirte lo mismo!
—¡Vamos! Yo estoy trabajando. ¡Acepta que me has estado buscando con desesperación! En todo caso, ¡felicidades porque ya me encontraste!

Un ángel pasa. Y creo que aprovechó para darme un flechazo. Por loco que pueda sonar.

—¿Qué fue lo que ordenaste?
—Un muffin de frutos rojos y un café.

—Ok. La casa invita. ¿Puedo tomarme un café contigo?

—Eh…

—Tienes que entender tres cosas. Una, ¡no es una cita! Dos, tengo un descuento del diez por ciento. Tres, acabo en diez minutos. Me gusta mucho sentirme cliente de vez en cuando.

Me río abiertamente. Hasta un poco fuerte. Volteo para asegurarme de que nadie me esté viendo. Luego cambio de opinión.

—De acuerdo. ¡Pero es porque me haces reír!

—¡*Cool*! No me tardo.

Elijo una mesa junto a la ventana. Observo a la gente que pasa en la calle. Hay un hombre que va caminando y sonriendo. Tal vez piensa que va a ir a ver a su novia. O tal vez simplemente es feliz. No importa lo que ocupa su mente, tengo ganas de ser como él.

Al ver a Louka acercarse con un plato en la mano, pienso que bien podría ser una fuente de felicidad para mí. No lo conozco mucho, pero… no debo entusiasmarme demasiado. La primera impresión a veces puede ser engañosa. Lo aprendí a pesar de mí…

—Para usted, señorita, dice al poner frente a mí un plato y una gran taza de café.

—Gracias. ¿Trabajas aquí hace mucho? le pregunto de pronto.

—Dios años. No es el trabajo ideal, pero, mientras me ayuda a pagar mis gastos. Cuando me mudé de Quebec aquí, no pude encontrar trabajo rápidamente.

Así es que tuve mucha suerte en encontrar este. Y tú, ¿trabajas en este momento?

¡Mierda! Debí suponer que me haría la misma pregunta.

—Hum… todavía vivo con mis padres. Trabajé en un campamento el verano pasado.
—¡Oh, no! No me digas que fuiste una chica de campamento…
—¿De qué hablas?
—Pues de la típica chica con mucha energía que se la pasa cantando y que tiene un apodo un poco ridículo como Trigo.

Suelto una sincera carcajada.

—¿Qué? ¿Qué dije? ¡Oh, no! ¡Tu apodo sí es Germen de trigo! Si es así, ¡de verdad que no eres la chica que pensé!
—¡No, jamás! Pero una de las instructoras si tenía un apodo parecido.
—¿Piensas volver el próximo verano? ¿Fue una buena experiencia?

Doy un largo suspiro.

—Sí, fue buena experiencia. Trabajé con niños que vienen de ambientes poco favorecidos; así es que era doblemente gratificante. Pero no regresaría jamás, eso es seguro, concluyo amargamente.

Miro por la ventana con una mano encima de mi boca y hago esfuerzos para no llorar. Siento los dedos de Louka sobre los míos encima de la mesa. Quito mi mano casi instantáneamente, intentando hacerle entender que es imposible, que lo siento mucho. Él no insiste, solo arruga los ojos un poco preocupado por lo que puede revelarle.

—¿Y por qué no regresarías jamás?

—Después de esto no querrás volver a hablar conmigo…

—Ya te lo dije, Emma: deja de pensar por mí. Déjame a mí juzgar lo que es aceptable y lo que no, ¿quieres? Nunca se sabe, podría sorprenderte, afirma con una sonrisa suave y alzando los hombros.

—Fui violada, Louka. Fui violada por un chico al que pensaba querer y por sus amigos que aprovecharon la fiesta.

Mi declaración es clara y precisa. Prefiero ir directo al grano que dar rodeos inútiles.

—Alguien… apareció y— ellos tuvieron que detenerse…

Louka me mira con intensidad y silencio. Yo cierro los ojos. Me arrepiento de habérselo dicho. Debe estar buscando una excusa para salvarse, tipo una cita importante que había olvidado. De verdad que no me extrañaría nada.

Tomo la delantera por temor a su rechazo.

—Mira, Louka, no tengo ni idea de hacia dónde vaya todo entre tú y yo, o si va a alguna parte. Solo quiero que sepas que tú pones el sol en mi vida cada vez que te veo. Sí, estoy muy lastimada. Sí, tengo ideas negras. Sí, lloro muy seguido. Pero no quiero tu lástima. Si sigues aquí todavía porque no sabes qué inventar para poder irte, te abro la puerta: levántate y vete. Será menos peor que las excusas más patéticas del mundo.

No esperaba que pasara tan rápido. Apenas terminé de hablar y Louka se levantó. Juré que se dirigía hacia la puerta, pero rodeó la pequeña mesa que nos separaba y se agachó para que nuestros ojos quedaran a la misma altura.

—No te pido que confíes en mí enseguida, Emma. Tengo la impresión de que podría ser un poco difícil. Pero, como parece que esto te atrae tanto como a mí, vamos a aprender a conocernos mejor, ¿quieres?

Lo que hago enseguida no tienen ninguna lógica. Tomando en cuenta los últimos meses de mi existencia, quiero decir. Pero puedo escuchar lo que me dicta mi corazón. Me inclino, solo un poco, y le doy un abrazo. Al principio, parece muy sorprendido. Es normal. No nos conocemos. Pero tenía ganas. Eso es todo. Siento su mano en mi espalda, ligera, preocupada por no ser brusca.

Louka regresa a sentarse. En cuanto se instala, le cuento todo, sin reprimirme. Él me escucha en silencio, alzando la cabeza de vez en cuando como para indicarme que sigue mi relato. Al final, justo cuando parecía que ya no teníamos nada de qué hablar, nos miramos. Luego rompe el silencio y me invita a salir. Como todo ha sido muy loco desde que nos conocimos y no tengo idea cuándo será la próxima vez que pueda verlo, acepto. Ya no dejo nada al azar.

20 de enero

—¡No puedo creer que no me hayas hablado de él, Em! protesta Laurie de broma antes de morder su manzana.

—¡Es porque no había nada que contar, Lau! Me lo encontré totalmente por casualidad, ¡tres veces en mi vida! Nunca creí que me pasaría algo así. Quiero decir... es muy especial...

—¡Uuh! me molesta mi amiga.

—¡No, basta! No tienes idea de lo que me hace sentir. Primero Zackary que resultó ser un verdadero...

—Bastardo, continúa Laurie por mí, sin ningún tipo de duda.

—Sí, si quieres. Luego, Alexis...

—El manipulador, que resultó ser un asco y un aprovechado como ninguno, completa.

—Y ahora Louka.

—Ok. ¿Y a qué quieres llegar?

—Son muchos chicos en muy pocos meses, creo. Tengo miedo de utilizarlos para sentirme que soy todavía normal. ¿Entiendes? Es como si quisiera probarme que Zackary no echó a perder todo en mi vida. Es... difícil de explicar.

Laurie toma mi mano en la suya.

—Deja de preocuparte por nada, Emma. Sales con chicos, ¿y luego? Es normal. Pasaste por una prueba muy dura y es totalmente correcto que quieras dar vuelta a la página. Pensemos que nadie te hubiera agredido y que hubieras salido con esos tres chicos, ¿te juzgarías de la misma manera? No lo creo. Te estás convirtiendo en una mujer, Em. En una hermosa mujer, de hecho. Tienes tanto derecho como cualquiera de encontrar a un chico que te haga soñar y ver las estrellas.

Laurie siempre tienen las palabras correctas para subirme la moral. ¡Es una suerte tenerla en mi vida!

—Gracias, Laurie, digo apretando sus dedos entre los míos.
—¿De qué me das las gracias exactamente? ¡Solo hago mi trabajo de mejor amiga! ¡Y tú deberías de hacer el tuyo! ¡Quiero saber todo sobre Louka!

Tras esas palabras, siento un poco de fuego que sube a mis mejillas. Solo un poco.

—¡Wow, parece serio si te pones así de roja!
—No quiero hacerme ilusiones, ¿sabes? Pero… me gusta mucho, no puedo negarlo.
—Ok, Ok. Primero cuéntame cómo es físicamente.
—Pues… Louka es alto… me saca al menos una cabeza. Tiene cabello café, muy oscuro, y magníficos ojos azules. Muy expresivos. Su nariz es un poco chueca. Me contó que se la rompió cuando era más joven. Eso lo distingue de los otros chicos que conozco. Tiene hermosos labios… me imagino que muy dulces…

—Francamente, con todo lo que me dices de él, ¡suena como el hombre perfecto!

—¡Basta!

—Emma, se mostró súper comprensivo con lo que te pasó y, además, ¡parece estar más guapo que nada! No lo dejes escapar. Aprendan a conocerse tranquilamente. Y ya veremos lo que les tiene reservado el tiempo.

—Tienes razón, ya veremos…

***

Cuando entro en la sala, con la respiración cortada, todos ya están sentados, incluida Evelyne, lista para empezar la sesión de grupo. Quedan dos sillas libres. Hago un breve recorrido con la mirada: Stéphanie, Vivianne y Audrey están aquí, pero no veo a Frank. Él también debe estar retrasado. Las condiciones del clima son muy malas. Por lo general el trayecto en el autobús es de treinta minutos y llego diez minutos antes. Pero hoy tuve que correr para llegar a tiempo.

—Bueno, chicas, por favor, vamos a empezar.

—Espera Frank no ha llegado, dice Stéphanie.

Evelyne se aclara la garganta.

—Frank no va a venir hoy.

Cuando escucho su timbre de voz, mi corazón se apachurra. Comprendo que algo debió haber pasado.

—¿Por qué? pregunta Vivianne.

—Hablé con su madre ayer en la noche.

—¿Su madre? repite Audrey. ¿Creí que no tenía contacto con ella?

—Efectivamente, tienes razón. Sin embargo, su compañero de cuarto tuvo que llamarla. Frank tenía su número en su celular.

—¿Qué pasó? pregunta Stéphanie.

—Benoit, su amigo, lo encontró inconsciente en el baño. Llamó inmediatamente al 911, pero… era demasiado tarde. Desgraciadamente, Frank… Frank murió.

Me tapo la boca con la mano, con la vista borrosa.

—¡Qué mierda! escupe Stéphanie en shock.

Evelyne no parece saber qué responder ante la reacción de Stéphanie. Ella misma parece consternada por la situación, más de lo que quisiera demostrar.

—¡Ya cállate!… dice Stéphanie al ver que la trabajadora social no se retracta.

—Frank dejó una carta en la que explicó que fue muy difícil para él vivir con esa relación de abuso. Él… se quitó la vida…

—¿Cómo lo hizo?

—No creo que el hecho de saber cómo murió vaya a cambiar algo, Stéphanie. Eran buenos amigos, claro, pero…

—¡Tengo derecho a saber! gritó la chica.

—Sté…

—¡Dime! grita a pleno pulmón.

Evelyne suspira preocupada y nos mira a todas.

—Tomó una sobredosis de medicamentos de su amigo, dijo al fin con tono pausado.

—Ni siquiera se despidió antes…, se puso a llorar Stéphanie. Al menos pudo haber hecho eso…

Se paró para caminar, pero de pronto corrió afuera, con Evelyne y Vivianne detrás. Aunque no conozca realmente a Stéphanie, y que conocí a Frank todavía menos, me siento ligada a ellos. Por nuestras historias de terror y vidas completamente dañadas. Perdimos a un miembro de nuestro clan, el de los que estamos malditos con una nube de tristeza constante encima de nuestras cabezas.

Audrey y yo nos quedamos sentadas, traumadas por la noticia.

De pronto, me pongo a llorar también sin saber exactamente por qué. Audrey viene a sentarse a mi lado y me ofrece una tensa sonrisa. Ella lo entiende. Frank pudo haber sido cualquiera de nosotras…

***

En el bolsillo de mis jeans, mi teléfono suena. Me quito el guante para poder contestar antes de que entre el buzón. Es Louka. Los latidos de mi corazón se aceleran.

—¿Hola?
—¡Hola! ¡Cómo estás, Emma! Solo quería decirte que voy un poco retrasado. Espérame por favor en la estación del metro, ¡hace muy mal tiempo!

A penas puedo respirar. Temía que me dijera que iba a cancelar. Tengo ganas de un poco de sol en esta fría noche de invierno. Sobre todo, después de lo que pasó esta tarde en la sesión de grupo.

—Voy en un pequeño Nissan negro. ¡Llego en diez minutos máximo!

—Muy bien, nos vemos en un momento.

Me dirijo de nuevo a la estación de metro Square-Victoria para esperar a Louka. Mi teléfono suena de nuevo. Esta vez es Laurie.

—¿Ya estás con él? pregunta en cuanto contesto.

—No, me acaba de llamar para decirme que viene un poco retrasado.

—Bien, ¡sigue ganando puntos! ¿Te acuerdas de lo que tienes que decirle de mi parte?

—¡Laurie! ¿No quieres que le diga eso?

—¡Pues sí! ¡Sí quiero!

Doy un largo suspiro de aburrimiento. Pero, en el fondo, estoy contenta de estar tan bien acompañada, contrariamente a Frank. Cuando pienso en él, mi corazón todavía se apachurra.

En ese instante, veo un pequeño auto detenerse frente a la estación. Estiro el cuello para asegurarme de que es un Nissan.

—¡Tengo que irme, Lau, ya llegó!

—En cuanto puedas, me cuentas cómo te va, ¿Ok?

—Prometido

Salgo con la sensación de traer un angelito en mi hombro: mi mejor amiga.

Antes de entrar al auto, me agacho para asegurarme de que es Louka. Baja la ventanilla de lado del pasajero y me recibe con una gran sonrisa.

—¡Anda, sube! ¡Está helando!

Una vez dentro, volteo hacia él.

—Hola, tú, digo suavemente.
—Hola, responde sin dejar de verme.

Me atoro un mechón detrás de la oreja mientras bajo la cabeza. Me siento observada hasta en el más mínimo detalle.

—Me observas mucho.
—Sí, ya sé, lo siento. No quiero sonar cursi, pero no puedo impedirlo. Tienes algo diferente esta noche.
—¿Qué quieres decir?
—Pero antes, ¿se te antojan unas crepas? Conozco un lugar muy bueno, y no muy caro.
—Perfecto. ¿Qué tengo diferente esta noche?

Me mira de reojo y luego devuelve su atención al camino.

—Hace dos días, creí ver un brillo en tus ojos y, ahora parecería que ya no está. ¿Qué pasó?

Aun cuando pienso en Frank, un dulce calor me invade. La atención de Louka me conmueve.
—¿Cómo sabes que algo no está bien?
—Te observo, es todo. Tienes una cara muy expresiva y, sin presumir, la conozco de memoria. En serio, ¿qué pasa?
—Uno de los miembros de mi grupo de apoyo. Se suicidó.
—¡Mierda! Lo siento… ¿hay algo que pueda hacer?

—Estoy contenta de estar contigo. No quiero dejar que esta tragedia nos eche a perder la noche. Tengo ganas de aprovecharla, eso es todo.

Me dejo ir contra el respaldo del asiento.

—Sueno horrible, ¿verdad?
—No, para nada, dice al poner su mano sobre mi pierna. El hecho de que quieras cambiar de aires no quiere decir que te valga el mal de otros.

Sonrío mientras me digo que es perfecto. Me sorprendo deseando que no cambie nunca.

—Laurie me pidió que te dijera que me cuides, Si no, te las vas a ver con ella.
—No tiene que preocuparse por eso. Créeme.

Louka presiona ligeramente mi pierna para luego regresar la mano al volante. Tranquilamente, el lugar en el que estaba se entibia. Un escalofrío me recorre. Extraño su calor…

***

—Gracias por haberme escuchado, me hizo mucho bien.

Louka sonríe en silencio. Nos detenemos en la esquina; levanto la mirada para ver sus ojos. Algunos autos tienen que esquivarnos para poder seguir adelante, pero no me importa. Allí, iluminados por la luz difusa de las lámparas tan románticas del viejo Montreal, me doy cuenta de que yo también adoro mirarlo. Estaba tan metida en mis problemas que no me había tomado el tiempo para hacerlo.

Escucho a mi instinto, avanzo hacia él y pongo una mano sobre su mejilla. Lo acaricio con dulzura y la rudeza de sus barbas me hace estremecer. Su mirada se vuelve intensa. Sus manos tocan mi cintura. No planeaba permitir algo así tan pronto, pero me toca y siento un agradable temblor.

Una multitud de emociones salen a la luz: temor, deseo, ganas de sentirlo contra mi piel. Angustia de que mi cuerpo no responda como debe. Pero, cuando pone sus labios en los míos, suspiro de felicidad al meter mis manos por su espesa cabellera.

Flashback instantáneo al momento que, de alguna manera, empezó igual. Al borde del lago, con Zackary. Mi cabeza enloquece. Mi garganta se bloquea. Tengo que soltarme de su abrazo, pero alguien se encarga por mí.

—¡Hey, enamorados! ¡Hagan eso en su casa!

El indiscreto se aleja riendo con el teléfono en la oreja, describiendo la escena a un interlocutor invisible.

Con la respiración acelerada, Louka me pregunta:

—¿Quisieras que fuéramos a mi casa? Vivo a veinte minutos de aquí.

Sus ojos brillan en la noche. A pesar del malestar que siento y que me aprieta las tripas, me escucho responder, "sí". Una pequeña palabra que tiene tanto significado...

Louka agarra firmemente mi mano y me lleva hasta su auto. No dejamos de mirarnos. Era como si nuestros ojos intercambiaran una promesa. La promesa de cuidarnos el uno al otro. O de protegernos, ¿quizá?

Mientras rodea el auto, la angustia que sentía empieza poco a poco a tomar su lugar. ¿Estaré a punto de cometer el mismo error? Intento por todos los medios de convencerme de que no, ya que, desde que lo conozco, las cosas han sido distintas. Nunca ha intentado nada fuera de lugar. Al contrario, siempre he visto en sus ojos una chispa de deseo. Con paciencia ha frenado ese deseo hasta que yo le diga que puede seguir. Y se puede decir que ese día llegó. Le dije que estaba bien. Pero, ¿estoy realmente lista para lanzarme en una relación con alguien?

Sin decir nada, Louka se detiene frente a un edificio de departamentos. Cuando se estaciona, me bajo y me paro a su lado frente a su pequeño auto negro, jadeando. Nos miramos, nuestros ojos se pierden y nos observamos largamente. Pero, muy pronto siento que tenemos que pasar a otra cosa cuando Louka me toma de la mano y me lleva hacia la escalera.

La puerta se abre y entramos. Cierro detrás de mí y escucho un fuerte ruido contra el techo. Él ya se quitó su abrigo y me mira con los brazos a los lados del cuerpo, y con la respiración un poco agitada. Siento que puedo escuchar los latidos de su corazón desde aquí. Me quito mi abrigo y lo dejo caer. Louka avanza con paso lento y desliza su mano por mi cintura para atraerme contra él y luego me besa apasionadamente. Y yo no lo rechazo.

Torpemente vamos a su recámara. Me acuesto en su cama y él me besa el cuello con ansias, pero todo el tiempo es dulce y sensual. Incluso sus manos que acarician mis pechos, lo hacen con una ternura inaudita, aunque sea con firmeza. Parecería como si no quisiera estropearme. Meto mis dedos entre su cabello y atraigo su cabeza hacia mí. Quiero besarlo, pero me detengo para mirar de nuevo sus ojos. Su aliento tibio quema mi piel de la manera más deliciosa del mundo, pero, al mismo tiempo, me siento mal, sucia. ¿Acaso me estaré aprovechando de un chico amable y paciente? ¿Estaré quitándoselo a alguien que valga mucho más la pena que yo? ¿Yo, la chica marchita?

Intento convencerme de lo contrario mientras alejo a Louka y me quito la camiseta por encima de mi cabeza. Él se apresura también a desvestirse. Comienzo a desabrochar los botones de mis jeans, pero, de pronto, Louka se sienta a mi lado y pone sus manos sobre las mías. Nos miramos unos segundos.

—No es a fuerza, Emma, me susurra con la voz vibrante de deseo. Podemos esperar un poco más…

Hago seña de que no. Él mete la cabeza en mi cuello y lo besa, mientras sigue descubriéndome con las manos. Me hace sentir muy bien. ¡Tan bien! Pero, de pronto, me siento como una idiota. Como la chica que violaron hace no mucho tiempo y que espera hacer el amor como si nada, como si ya estuviera lista. Sin embargo, está lejos de ser así. Y Louka, tan amable y comprensivo, se dio cuenta enseguida. Seguro le parecí una estúpida.

Me observa con los ojos llenos de ternura y de deseo. Mi barbilla comienza a temblar y mi vista se empaña. Su expresión cambia de inmediato.

—Emma, ¿estás bien?

En ese momento exploto. Atrapo una de sus almohadas para cubrir mi cara y mi cuerpo. Siento un peso menos sobre la cama. Louka se levantó. Mi llanto se hace más fuerte. ¡Se ha ido! ¡No quiere saber ya nada de mí!

—Emma, por favor, mírame.

Se sienta de nuevo en la cama. Bajo un poco la almohada. Se puso otra vez su camiseta.

—¿Qué te pasa?

Se muestra dulce, paciente, comprensivo. Como hubiera deseado que Zackary hubiera sido así… como debió ser. Y no estaría metida en esta mierda…

—Yo… lo siento mucho, Louka. ¡Debes pensar que soy una loca! Yo quiero… ahora, quiero… yo…

Me pone una mano en la mejilla.

—Está bien, lo entiendo. No es una carrera. Yo te deseo, no tienes idea de cuánto, pero no quiero que nos apresuremos… quiero que tengamos cuidado… disculpa si me dejé llevar…

Lo interrumpo con vehemencia:

—¡Yo también quiero! ¡Pero tengo dificultad para bloquear todo lo demás! ¡Me persigue constantemente! ¡Yo… estoy harta! ¡Ya quiero pasar a otra cosa! Tengo la impresión de estar tan jodida en este momento…

—¡Hey! no hables así de la chica que quiero, ¿eh? Yo te voy a ayudar, Emma, me dice al mismo tiempo que me rodea con sus brazos. Para eso estoy aquí. Sabía bien en lo que me metía. Solo quiero protegerte.

Sus últimas palabras resuenan en mí como una bofetada. "¿Protegerme?" Salto sobre la cama sin importarme que solo traigo sostén.

—Te quiero, Louka, ¿OK? ¡Te quiero! ¡Pero no quiero a alguien que está aquí para protegerme! ¡Quiero poder hacerlo yo sola! ¡Sola! ¡Quiero ser suficientemente fuerte para enfrentarme a lo que me pasó! ¡Me rehúso a ser una cosita frágil que tienen que cuidar! Yo… no quiero…

Mi llanto aumenta al doble de intensidad. Parece que doy vueltas en una jaula. De pronto, siento las manos tibias de Louka sobre mí, él ardiente de angustia. Me atrae contra él y yo entierro la cabeza en el hueco de su hombro.

—Soy un tipo paciente, Emma. Es verdad que no va a ser fácil, pero tengo ganas de aprovechar la oportunidad. Si quieres que tratemos de caminar juntos una parte del camino, tienes que dejarme entrar. Quiero prometerte que estoy aquí para ti. Hay cosas de las que está uno seguro en la vida, sin saber por qué. Tú y yo, es una de ellas, ¿Ok?

20 de julio

Sentada en un banco con la cara hacia el sol, exactamente como lo haría una flor, disfruto del buen clima mientras espero a Louka.

Louka.

Mi amor.

Después de la noche que pasé en su casa, decidimos seguir adelante con lo que somos y con lo que podemos ser. Al principio tenía miedo. Él también. Pero hoy en día, puedo decir sin dudarlo que es la mejor decisión que he tomado en toda mi vida.

Papá quedó cautivado con Louka desde el principio. A mamá también le cayó muy bien. Se dio cuenta de que era un buen muchacho; sin embargo, tuvo que demostrar algunas cosas. Hasta hoy, creo que nunca la ha decepcionado. A mí tampoco. ¡Me siento tan privilegiada por tenerlo!

Con los ojos todavía cerrados, mientras aprovecho el sol, siento sus labios contra los míos. Reconozco el sabor de mi amado. También su olor.

—Hola, tú, murmura aún pegado a mis labios.

Lo beso cuando me levanto.

—¿Estás bien?
—¡Bueno, ya basta, tórtolos!

Laurie camina hacia nosotros a buen paso, con los brazos cruzados sobre el pecho. A pesar de su sonrisa de lado, estoy casi tentada a pensar que está celosa de mi relación con Louka. Pero no celos de los malos. Es más bien del tipo "daría cualquier cosa por encontrarme a un chico exactamente como él". En su lugar, yo pensaría lo mismo.

—¿Están listos? dice con una sonrisa de oreja a oreja.
—¡Afirmativo! ¿Espero que seas buena perdedora? bromea Louka.
—Pff… parece que Alexandre es muy bueno para los *go-karts*.
—¿Alexandre? repito. ¿Quién es ese?
—Un chico que va en mi clase de química avanzada. Del tipo *nerd*, pero bastante guapo. Seguro no es un "Louka", ¡pero por ahora está muy bien!
—Ok, empiezo a sentirme un poco incómodo, dice Louka entre risas.
—Entonces, ¿*go-karts* y cena? digo como para resumir la tarde que nos espera. ¿también podríamos ir al cine?
—¡*Cool*! Conozco un lugar de sushi muy bueno, dice Laurie.

—¿Cine y cena? ¿No habíamos quedado de pasar una tarde *relax* tú y yo? me recuerda Louka con amabilidad.

Lo miro con ojos de borrego, jugando a la niña que olvidó los planes establecidos el día anterior.

—Este... sí... no... quiero decir...
—Em, quedamos ayer. ¿Por qué cambias los planes sin pedir mi opinión?

De reojo veo a Laurie que está un poco incómoda. Seguramente no tanto como yo. Me molesta que presencie esta escena entre mi novio y yo.

Mientras Laurie se aleja al parque, Louka me toma de los hombros. Como no volteo a verlo, levanta mi mentón con ayuda de su dedo índice.

—¿Qué pasa, Em?
—Nada. Solo que pensé que sería divertido pasar un rato con Laurie y su chico nuevo, eso es todo.
—Es la misma historia de la semana pasada y de la anterior. Me estás evitando, Emma.
—¡No! ¡No es verdad!
—Sí lo es. Tengo la impresión de que haces lo que sea para que no estemos solo tú y yo. ¿No... no te gustaría que estuviéramos solos a veces?

El giro que toma esta conversación no me está gustando nada.

—Louka, yo...
—No estás lista, termina por mí. Empiezo a darme cuenta.

Louka ha sido muy paciente. Pero yo todavía no estoy lista para hacer el amor con él, aunque cada vez que está cerca de mí, mi cuerpo arde. Tengo miedo y eso es más fuerte que todo lo demás.

—Es solo que… a veces, es difícil contentarme con verte y besarte, eso es todo, me dice en tono más dulce.

Me paro sobre la punta de los pies para besarlo en la frente. Él me abrazo gruñendo suavemente como para darme a entender que le gusta esta prueba de amor. Mi corazón se calienta. Vuelve a mí.

—Muy pronto, ¿de acuerdo?

Mientras que Louka estrecha su abrazo con ternura, una voz me dice que le acabo de mentir en la cara al chico que más amo en el mundo.

23 de julio

En la sala del minúsculo departamento de Louka, unas velas se consumen y perfuman todo con un delicioso aroma a chocolate, Como música de fondo, *Undiscovered,* de Laura Welsh, acompaña el momento que, en otras circunstancias, me hubiera parecido perfecto. Pero las manos de Louka sobre mí arden de pasión y desencadenan mil mariposas en mi estómago, y está lejos de ser agradable. Va demasiado lejos.

Louka se aleja un poco con aire malhumorado. Se sienta al otro lado del sofá y se recarga.

—No estás aquí para nada, Em.

Pongo una mano en su mejilla.

—No, estoy aquí, Louka, estoy aquí.

Se aleja un poco más. Mi corazón da un salto en mi pecho.

—¿Qué está mal esta vez?

—Nada…

—No pareces estar nada excitada. ¿No… no te gustan mis caricias? ¿Lo hago mal?

—¡Al contrario! Adoro cómo me haces sentir. Es solo que… déjalo así. No es buen momento.

—¿Qué? ¡Háblame, Emma! Quiero entender.

—Tienes razón, mi cabeza está en otra parte… la fecha del juicio se acerca y me estresa volver a verlos. Aunque sea lo que realmente quiero hacer. Deseo que vean que soy capaz de seguir de pie… no quiero darles la satisfacción de pensar que me intimidan.

Louka permanece atento y parece estar abierto. Decido continuar.

—Sé que no me doy al cien por ciento a nuestra relación, Louka, Al menos, no como lo haces tú. Volver a ver a Zackary será tal vez una buena forma de poner al fin esta historia detrás y ver hacia adelante.

—Tomaste la decisión correcta, Em. Creo sinceramente que eso puede ayudarte y, en último caso, ayudarnos.

—Me alegra que lo veas de esa manera. Sé que no va a ser fácil, pero me atrevo a creer que será liberador. Quiero que escuchen de mi boca todo el dolor que me han causado. Ya no soy la misma por culpa de ellos.

—Tal vez, pero creo que de todas formas puedes aprender algo de todo esto, ¿no? Has vivido algo innombrable, pero pienso que, tranquilamente esto te está haciendo más fuerte, te está haciendo apreciar más las pequeñas cosas de la vida. Como tu novio, a tu lado, que te ama y que tiene unas ganas locas de besarte…, dice mientras se acerca de nuevo y pone una mano en mi mejilla.

Yo lo hago a un lado lo más amablemente que puedo en una situación como esta.

—Louka, para por favor.

—¿Por qué?

—Porque tú mismo lo has dicho: no estoy lista, Louka, yo sé que…

—Lo intento, me interrumpe. De verdad que trato de ser paciente, pero, llega un momento en que… tú… ¡ya ni siquiera quieres que te bese! ¡Cada vez que lo hago me rechazas! ¡Y ni siquiera hablo de caricias! Desde que te dije que estaba bien, aquella noche en la que no hicimos el amor, ¡es como si usaras eso como excusa! suspira Louka. Te amo, Emma, pero…

—¿Pero qué? ¿Tienes ganas de aprovecharte tú también? ¿Eso es? ¿Quieres aprovecharte de la pequeña y estúpida Emma que se deja coger por cualquiera?

—¡Sabes muy bien que eso no es lo que quiero decir! ¡Y yo no soy cualquiera!

—¡Me lo imaginaba! ¡Finalmente eres como todos los demás! ¡Solo quieres cogerme y tirarme después!

—¡Cállate! grita. ¡Creo que te he demostrado que estoy aquí para mucho más que eso! ¡Entre nosotros dos hay mucho más que sexo! ¡Pero, de todas formas, tengo ganas! ¡Hace seis meses que estamos juntos y puedo contar con los dedos de una mano las veces en las que te he besado! ¡Eso… no es normal!

Ya está, nuestro primer pleito. Y no me gusta nada lo que acabamos de decirnos. Sin embargo, muchas de las palabras están llenas de una verdad que no nos atrevíamos a confesarnos. Era de esperarse. Tenía que salir tarde o temprano.

—Tienes razón, Louka. No hay nada normal en mí, murmuro al voltear hacia otro lado.

—¡No! ¡No eres tú! Es… esta puta situación.

No digo nada y miro al techo.

—Ya me quiero ir.

—Sí, creo que es buena idea.

Louka toma su chamarra y sus llaves. Apaga las velas y se dirige hacia la puerta. Yo me siento terriblemente mal. Eché todo a perder. Salimos del departamento en silencio. En mi fuero interno, aun cuando no quiero creerlo, siento que acabamos de presenciar el principio del fin.

Desde el techo de la terraza, escucho que tocan a mi puerta. Mi madre entra, aunque no le haya dado permiso. O, más bien, antes de que pueda borrar todos los rastros de lágrimas de mi rostro. Me apuro a secarlas mientras se acerca.

—Espera, mamá, ya voy.

—No, quédate, yo me acerco.

Para mi gran sorpresa, hace lo que dice. Una vez en el techo, da un largo suspiro y viene a sentarse a mi lado un poco vacilante, como si tuviera algo de vértigo.

Me dirige una sonrisa nerviosa mientras alisa su falda sobre sus piernas. Tímidamente, le devuelvo la sonrisa. ¡No puedo creer que mi madre esté en el techo de la terraza! Ella, que siempre ha detestado verme aquí.

—Comprendo por qué te gusta tanto este lugar. La vista es realmente linda.

—Y también es muy tranquilo. Estar aquí me ayuda a apartarme del resto del mundo. Me permite reflexionar.

—Has vivo cosas muy duras estos últimos meses, ¿verdad mi niña? En su voz solo escucho dulzura. Doy vuelta para no llorar.

—Sí, no ha sido fácil.

—Y… ¿las cosas van bien con Louka?

Subo mis rodillas contra el pecho y las abrazo como para hacer una barricada.

—Van bien, le miento con voz temblorosa.

—Estoy contenta de que esté en tu vida. Él ha sido para ti lo que yo no logré ser, estos últimos tiempos, dice al esconder su cara entre sus manos.

Yo también me derrito en llanto, incapaz de aguantarme un segundo más. Quisiera abrazar a mamá, pero tengo miedo de que me rechace, tomando en cuenta su actitud desde… desde aquello…

—¡Lo lamento tanto, Emma! Te hice sentir que me habías fallado como hija, pero eso es falso. Soy yo la que olvidó que mi papel era el de ser tu madre y te hice pasarla muy mal. Cuando recibimos la llamada, aquella famosa noche, sentí como si me hubieran dado un balazo en la cabeza. De pronto, todo fue irreal y completamente extraño para mí. No podía ver nada claro y lo siento profundamente, mi querida hija.

Me lanzo en sus brazos, ya que me acaba de probar su amor incondicional e infinito. Sé que ya no debo temer su rechazo. Acabo de reencontrar a mi madre.

—Te pido perdón, Emma. Sinceramente. Fui yo la que falló, no tú, y voy a tener que encontrar la manera de perdonarme a mí misma, me dice al oído. Tal vez no sea fácil reconstruir los puentes entre nosotras. Pero yo estoy lista para hacer todo el esfuerzo necesario, si tú quieres darme una oportunidad…

—Nunca has perdido esa oportunidad. Y claro que quiero que nos reencontremos. Me has hecho tanta falta, mamá…

30 de julio

—¿Cómo que el fin? pregunta Laurie.

—¡Hace una semana que no hablamos! Y ahora quiere que nos veamos. Estoy segura de que es para decirme que se acabó…

—¿Pero por qué? No entiendo nada, Emma. ¡Todo iba tan bien entre ustedes! Desde que están juntos, ¡has vuelto a brillar y a ser la misma chica de antes!

—Yo…

Estoy en el techo de la terraza, y me interrumpen unos golpes en la puerta de mi recámara.

—Tengo que irme, Lau. Luego te cuento qué pasó.

Voy a abrir. Papá y Louka están en el umbral de la puerta con las manos en los bolsillos. Mi padre me dirige una sonrisa llena de ternura antes de dejarnos solos.

Puedo ver enseguida que Louka está un poco dudoso, pero se sienta a mi lado, dejando un espacio respetable entre ambos. Eso, nunca lo hubiera hecho antes.

—Emma, yo… lo he pensado mucho, comienza con la voz cortada.

Cierro los ojos y escucho las palabras. Mi corazón se pone a latir a toda velocidad. Siento que voy a vomitar.

—Te amo, continúa. Te amo tanto, pero… creo que ahora no es un buen momento para nosotros.

No aguanto más. Dejo escapar un fuerte llanto y escondo mi cara entre mis manos.

—Por favor, Emma, no llores. Ya de por sí me siento muy mal…

Me lanzo a sus brazos. Él no me rechaza y me abraza de regreso.

—No es porque el amor no sea suficiente… es solo que… no estamos en el mismo lugar… lo siento mucho…

—No tienes por qué. Es solo que hay veces en que la vida está mal hecha, digo alzando los hombros.

Louka pone su mano en mi mejilla. En tiempos normarles, hubiera cerrado los ojos para saborear mejor el contacto de su piel sobre la mía. Pero esta vez, los tengo bien abiertos. Quiero grabar hasta el más mínimo detalle de su cara y guardarlo en un rincón de mi mente, como una parcela de felicidad y de sol.

Lentamente, Louka se inclina hacia mí y, mientras que estiro mis manos para que encuentren las suyas, sus labios aterrizan en mi frente y se quedan allí unos segundos. Su mano se desliza hacia mi cuello y yo atrapo su puño, y me aferro a él como para suplicarle que se quede y no me deje. Quisiera protestar, prometerle que todo irá mejor y que lo amo hasta el infinito. Pero, en cuanto me dispongo a empezar a hablar, Louka se levanta, se aleja y sale de mi recámara. Un gemido se me escapa. Es como si acabaran de arrancarme algo. Lo mejor.

Desde lo alto del techo, lo veo subir a su auto y arrancar. No levanta la cabeza para voltear a verme una última vez. Me convenzo de que es porque no quiere verme llorar.

***

Aunque sea muy tarde, me falta todavía mucho para acostarme. Todavía tengo que escribir un poco en mi cuaderno. Si la primera está casi llena, al fin he encontrado qué poner en la segunda parte, *Mi nueva piel*.

Desde el principio, solo veía lo negativos. Pero hoy en día, al despedirme de Louka, me di cuenta de qué estaba hecha esta nueva piel.

Lo que gané:

—Reforcé la relación entre mis padres y yo. Sobre todo, con mi madre. Este paso obligado nos ha ayudado a CRECER y a COMPRENDERNOS mucho mejor.
—Aprendí que soy una chica FUERTE. Viví una violación y sigo adelante, parada sobre mis dos pies.

Sin embargo, no estoy completamente anclada al piso. Podría salir volando, pero siento que, lentamente, voy echando raíces. Ahora es momento de empezar a alimentarlas...

—Sé perfectamente lo que quiero, pero, sobre todo, LO QUE NO QUIERO en una relación amorosa. Sé que quiero que me respeten —a mí y a mi ritmo, a mí y a mi voluntad, a mí y a mi consentimiento. Sé que quiero a alguien HONESTO y PACIENTE. En resumen, quiero a Louka...

—Nunca jamás quiero hacerme ilusiones. QUIERO VER LA VERDAD y dejar de CONVENCERME que las cosas son de esta o de otra manera, solo para que encaje en lo que deseo. Nunca jamás quiero un Alexis en mi vida...

—Sé que tengo una amiga para PARA TODA LA VIDA. ¡Te amo, Laurie!

—Tengo mucha más COMPASIÓN por los demás. Menos por Zack, Louis y Simon. Tal vez con el tiempo... por ahora, solo tengo pensamientos negativos hacia ellos...

—Estoy más segura que nunca de mi elección de carrera.

—Gané a una persona MARAVILLOSA. Gracias, Evelyne.

Miro mi cuaderno, pensativa. Y pensar que creí que jamás iba a poder escribir nada en esta sección...

15 de septiembre

—¿Estás listo? quiere saber Simon.

Siento un sobresalto cuando oigo la pregunta. Estaba perdido en mis pensamientos.

—¿Qué?
—No sé. Yo me vuelvo loco. Me pregunto si hice bien en declararme inocente…
—¿De qué hablas? pregunto fastidiado por su actitud de animalito a punto de morir.
—¿A ti no te importa ir a la cárcel?

Meto las manos en los bolsillos y no contesto nada. Porque tiene razón. Es verdad que no tengo nada de ganas de eso. ¡Ni que estuviera loco! Y todo esto por culpa de una puta provocadora… De cualquier forma, todo va a estar bien. No tengo que preocuparme por tonterías. Es su palabra contra la nuestra y todo el mundo se va a dar cuenta de que esta historia es pura mentira.

Podría poner mi mano al fuego de lo seguro que estoy de que ella sigue con su vida como si nada y que se burla de nosotros. Estoy seguro también de que ya se olvidó de todo desde hace mucho... ¿no?

***

—¿Estás segura de que quieres testificar así? Me imagino que todavía puedes cambiar de opinión, propone o, más bien, me pide mi madre desde el asiento del pasajero de nuestro auto.

—No, mamá. De verdad lo voy a hacer así. Quiero hacerlo así.

A mi lado, Laurie me aprieta la mano y me sonríe.

Al fin tomé mi decisión. Si van a saber lo que me pasó, las personas que amo lo escucharán de viva voz en la sala de audiencias. No les quedará otra más que oír sin interrupciones ni preguntas. Tal vez las veré llorar y enojarse, pero es eso o nada. Jamás podría hacerlo de otra manera. Ahora por fin lo sé.

Estacionamos el auto y entramos al palacio de justicia. Como habíamos acordado, Evelyne nos espera en el lobby. Desde que nos ve, su rostro se ilumina. Sin pensarlo, me lanzo a sus brazos. Parece un poco sorprendida, pero responde mi abrazo cariñosamente. Me pregunta con su habitual tono amable:

—¿Estás lista?

Medito unos segundos antes de responderle.

—Creo que nunca puedes estar verdaderamente lista para enfrentar algo así, pero ya es tiempo.

Me sonríe.

—Veo que trajiste a tus mejores seguidores. ¡Buenos días a todos y gracias por estar con Emma!

Después de intercambiar saludos, nos dirigimos todos a la escalera. Es cierto que no tengo ningunas ganas de ir. ¡Ni que estuviera loca! Todavía hoy tengo la impresión de que mi reputación está sucia y como manchada de lodo. A pesar de todo, en el fondo, sé muy bien que no se trata de eso, sino más bien de explicar lo que soporté y lo que sigo soportando hoy en día. Antes de aquella famosa noche, yo era Emma Delacruz, una chica buena en todos sentidos y que tenía grandes ambiciones en la vida.

Hoy tengo que vivir un día a la vez, porque nunca sé lo que mi corazón y mi cabeza me tienen reservado. Ya es tiempo de cerrar el círculo.

Información adicional

Si has sido víctima de una agresión sexual, esta información está hecha especialmente para ti. Será muy útil para ti y tus seres queridos, padres y amigos, ya sea que la agresión haya sido reciente o se remonte a muchos años. Si una persona de tu entorno ha sido víctima de agresión sexual y no sabe qué hacer, esta información podría ayudarla a responder la mayoría de sus preguntas.

1. ¿Qué es una agresión sexual?

1.1 Definición

Una agresión sexual es un acto de violencia y no de sexualidad impulsiva. Agredir sexualmente a una persona es imponerle actitudes, palabras o acciones de carácter sexual **contra su voluntad o sin su consentimiento**. Para hablar de agresiones sexuales, a menudo se utilizan otros términos como abuso sexual, violación o acoso sexual, etc.

Muchas chicas de tu edad han vivido agresiones sexuales; más de un 18% será víctima antes de los 18 años. Los chicos tienden menos a hablar de eso, pero más de un 5% también será víctima de una agresión sexual antes de los 18 años.

La agresión sexual implica toda clase de acciones y no solamente una penetración vaginal, anal u oral. También pueden ser besos, tocamientos, caricias, intentos de penetración, etc.

1.2 ¿Quién es el agresor y quiénes son los agresores?

Existen muchos mitos en torno a los agresores y las motivaciones que los llevan a agredir, así como sus perfiles psicológicos y sexuales.

Las agresiones sexuales generalmente no son cometidas por personas desconocidas de la víctima, motivadas por deseos incontrolables, o por psicópatas o sociópatas. En la mayoría de los casos, el agresor es una persona conocida. Puede ser cualquier persona en tu entorno, incluso un joven de tu edad.

En suma, el agresor es una persona que, en la mayoría de los casos, parece "normal", y puede aprovecharse de esa relación de confianza o de autoridad para agredir. Se comporta a veces de manera sutil para ejercer presión sobre su víctima.

El agresor puede recurrir a:
- Manipulación afectiva
- Dinero
- Intimidación

- Amenazas, chantajes (convence a su víctima que es mejor guardar silencio durante y después)
- Violencia verbal, física o psicológica

La agresión sexual también puede implicar a múltiples agresores, como en el caso de una **violación colectiva**. A menudo toma lugar en momentos de festividades, pero también puede ocurrir en otras circunstancias.

1.3 Noción de consentimiento

Primero, existe la ley. En principio, en México no existe alguna ley o norma que establezca de manera específica la edad del consentimiento sexual, sin embargo, sí existen medidas legales que indican en qué circunstancias el mantener relaciones sexuales con un menor de edad —la mayoría de edad en el país es a los 18 años— es considerado un delito. El artículo 261 del Código Penal Federal mexicano considera que una persona comete abuso sexual cuando obliga a un menor de edad a ver o ejecutar actos sexuales o a exhibir sus cuerpos.

A nivel local, cada estado tiene su propia legislación para sancionar abusos sexuales, pero ninguna hace referencia a la edad de consentimiento sexual ni prohíbe, de manera explícita, que se puedan mantener relaciones íntimas con menores de 18 años. En 2016, México fue el país con mayor índice de embarazos adolescentes, con 64 casos por cada 1,000 niñas, dentro de la OCDE (Organización para la Cooperación y el Desarrollo Económico), de acuerdo con el Fondo de las Naciones Unidas para la Infancia (UNICEF, por sus siglas en inglés).

Si hacemos a un lado la ley, **tú tienes que estar de acuerdo** para tener una relación sexual. Un **"no"** es suficiente. También tienes todo el derecho de consentir a besarte con alguien y luego no querer tener relaciones sexuales, ya sea en el mismo momento o más tarde. **Es tú derecho.** Si hay una relación sexual sin tu consentimiento, incluso si antes habías aceptado algunas otras acciones (caricias, felación, cunnilingus, etc.), se trata de una agresión sexual castigada por la ley. Si estabas en estado de ebriedad, se dice que no podías consentir, aún si el agresor se defiende diciendo que no dijiste específicamente que **"no"**.

Nadie tiene derecho de imponerte actos sexuales, sin importar las circunstancias. Por lo tanto, no debes sentirte responsable de una agresión sexual.

1.4 Mitos y creencias

1.4.1 La cultura de la violación

En la vida diaria, a menudo escuchamos cosas como: "si te vistes de manera provocativa, llamas la atención. No te sorprendas si uno o varios chicos te saltan encima" o "No deberías de ir a la casa de un chico a menos de que estés dispuesta a llegar hasta el final". Estas ideas —que escuchamos muy seguido, incluso en esta época disque evolucionada— no son más que mitos. Representan muy bien la cultura de la violación, misma que consiste en volver indiferente a la sociedad hacia la violencia sexual hasta el punto en el que ésta se vuelve invisible, al mismo tiempo que se atribuye toda la culpa a la víctima.

No existe ningún vínculo entre cubrir una agresión sexual y tu forma de vestir o tu apariencia física. Pedir aventón, salir por la noche, consumir alcohol o drogas, querer salir con alguien o besar a alguien no significa que quieras tener relaciones sexuales. **Nunca debes sentirte culpable de una agresión sexual.**

1.4.2 Los mitos más comunes:

- Es prácticamente imposible agredir a una mujer que no lo desea.
- Las mujeres acusan falsamente.
- Solo las "mujeres fáciles" son víctimas de violencia sexual.

Estos mitos imputan la responsabilidad a la víctima por haber sido agredida, mientras que el agresor muchas veces se aprovecha por medio de violencia o de amenazas, incluso, en algunas ocasiones, de medicamentos o drogas para obtener lo que quiere. De hecho, muchas víctimas buscan evitar lesiones mayores y permanecen pasivas. Por lo tanto, es posible agredir a una mujer que no da su consentimiento sin que haya marcas físicas para probarlo.

Creer que las víctimas provocan las agresiones sexuales o a su agresor, ya sea por su comportamiento, por sus actitudes o por su apariencia, es FALSO. Todas las manifestaciones de esta supuesta provocación no pueden, **en ningún caso**, ser interpretadas como invitaciones a una agresión sexual.

Estos mitos que se perpetúan desde hace cientos de años y que son "transmitidos" de generación en generación, tienen la única finalidad de convertir a las víctimas de agresiones sexuales en las responsables del hecho y liberar de cualquier responsabilidad al agresor.

Nadie busca ser agredido, humillado o pisoteado en su intimidad o en su integridad.

Otros mitos que rodean a las agresiones sexuales son:

- Las víctimas tienen que detestar a sus agresores.
- Las personas agredidas que experimentan excitación sexual o incluso un orgasmo durante la agresión sexual sí consienten, ya que sintieron placer.

Es falso pretender que la víctima siempre odia a su agresor. A menudo la víctima está acorralada entre el sentimiento de haber sido traicionada por su agresor y el amor que siente por él. Eso es exactamente lo que sucede entre Emma y Zackary. Antes de que las cosas vayan mal, Emma cree sinceramente que hay una relación amorosa entre ellos.

En cuanto a la excitación sexual, es posible que un chico tenga una erección luego de la estimulación de sus zonas genitales, así como que una chica sienta cierta excitación. Tomemos como ejemplo el caso de Emma. Ella confiesa a su trabajadora social que sintió excitación y tuvo un orgasmo mientras Zackary abusaba de ella. Hay que entender que, en esa situación precisa, Zackary y la chica deseaban esta relación sexual. Ambos consentían libremente. Este hecho se convirtió en agresión sexual a partir del momento en el que Zackary decide ir más lejos, a pesar de las repetidas suplicas de Emma de que se detuviera.

Este tipo de situación puede llevar al agresor a decir que la víctima deseó o le gustó ser agredida. Eso fue lo que Zackary quiso creer. Por lo tanto, él podía afirmar que Emma lo había disfrutado y que no tenía ninguna razón para inventar una violación. Esto es falso, claro, ya que nunca tuvo el consentimiento de la chica para seguir adelante.

Igual que otras víctimas antes que ella, Emma experimentó dolorosos sentimientos de culpa y de vergüenza. La reacción de su cuerpo, misma que ella percibe como traición, la llevan a creer que ella participó de buena gana en la agresión cometida por Zackary y después por sus amigos —y que a ella debió gustarle ser violada, por lo tanto, es una mala persona.

Sin duda es esencial precisar que, sin importar la excitación sexual que pueda existir, **eso no significa** que la víctima hubiera consentido al momento de la agresión.

2. Sacarlo a la luz, hablarlo

Contrariamente a Emma, las víctimas de agresiones sexuales no hablan de lo que les pasó; hay estudios que demuestran que casi la mitad no han hablado con alguien que pueda ayudarles. Y si lo hacen, muchas veces son palabras a medias, después de cierto tiempo o de manera progresiva, y a menudo se lo dicen a otras personas que no son sus padres.

2.1 ¿Por qué no se habla y a qué se le teme?

Hay muchas razones que explican por qué no se habla. Algunas víctimas:

- Temen que no les crean.
- Tienen miedo de las represalias del agresor.
- Sienten que están solas con lo que les pasó.
- Se sienten culpables o responsables de lo ocurrido.
- Sienten vergüenza.
- Temen comentarios negativos.
- A veces tienen sentimientos confusos sobre el agresor; pueden amarlo y odiarlo a la vez (salvo en el caso de agresión llevada a cabo por extraños).
- Temen trastornar las vidas de sus seres queridos.
- Temen a los trámites judiciales.

También podemos ver que las víctimas:

- Tienen miedo de la reacción de sus padres, temen perder autonomía (ya que pudieron haber desobedecido una consigna como no frecuentar tal grupo de amigos).
- No quieren decepcionar a sus padres (habían sido advertidos, los padres hicieron todo para que algo así no sucediera).
- No fueron escuchadas o no fueron apoyadas en su intento por denunciar la agresión.
- Quieren proteger a sus padres que a veces atraviesan periodos difíciles (divorcios, depresiones, enfermedades, etc.).
- No están seguras de que lo que pasó sea anormal.

Por todas estas razones, **muchas víctimas guardan silencio y su agresión se vuelve un secreto**. Sin embargo, hay que recordar que **un secreto muchas veces oculta un deseo ardiente de hablar de lo que nos preocupa. Y también, el secreto aísla a la víctima**. Elegir romper el silencio no siempre es fácil. Antes de contar el secreto, la víctima puede tener muchas inquietudes frente a lo desconocido: perder su libertad si sus padres ya no la dejan salir, no querer hacer denuncias ante la policía, etc. **Pero guardar un secreto así es una carga muy pesada**. Elegir romper el silencio permite superar la vergüenza, ser comprendida y ayudada para reducir las consecuencias de la agresión y poder volver a una "vida normal".

2.2 Con quién hablar y cómo.

Hablar es la clave, incluso si, como lo mencionamos anteriormente, tomar esa decisión no es nada fácil. No podemos decirlo suficiente: abrirse permite superar la vergüenza y brinda la posibilidad de que alguien te entienda y te ayude.

Puedes hablar con:

- Tus padres, tus hermanos mayores.
- Un profesor.
- La enfermera o trabajadora social de la escuela.
- Los padres de alguna amiga/o.
- Familiares extendidos: tías, tíos, primos, abuelos.
- Amigas y amigos.
- Líneas de ayuda.

Si no recibes la ayuda esperada y necesaria, tienes que tratar de hablar de nuevo con otra persona.

No hay una manera buena o mala de hablar. Elige un momento tranquilo. Anuncia que hay algo importante que quieres decir. Explica muy bien lo que pasó y trata de ser lo más clara posible; no quieras que las otras personas adivinen.

3. ¿Qué pasa con tu salud?

Luego de una agresión sexual, necesitas buscar atención médica. Evidentemente puede haber lesiones que el agresor te infligió, pero también existe el riesgo de un posible embarazo y de **ETS o enfermedades de transmisión sexual**, aunque el riesgo de contraerlas es bajo. Además, existe el trauma, por lo que una consulta médica es muy recomendada.

3.1 Examen médico y pruebas.

Es posible que necesites exámenes médicos. Estos pueden variar de persona a persona, de acuerdo con la historia y lo ocurrido durante la agresión, así como el tiempo transcurrido entre la agresión y la consulta. No se aplican todos si no son necesarios.

Por lo tanto, de acuerdo con las necesidades, la evaluación puede incluir:

- Examen general.
- Examen ginecológico y anal.
- Toma de muestras con hisopos de la boca, del ano y ginecológicas.

- Análisis de orina para buscar ETS.
- Prueba de embarazo.
- Toma de muestras de la piel, la boca, el ano y ginecológicas para recabar elementos de prueba.
- Toma de sangre y de orina.
- Puede ser que conserven tu ropa para analizarla, si tiene manchas.

Es importante también que acudas a revisiones en las semanas posteriores a la agresión para:

- Verificar tu estado de salud física y psicológica.
- Verificar que tengas la información y el apoyo necesarios para superarlo.
- Repetir análisis de ETS y embarazo.

Para los análisis de ETS y embarazo, algunos se realizan quince días después de la agresión y otros tres meses más tarde. De esta manera se eliminan todas las posibilidades. De hecho, una prueba de embarazo puede salir negativa al día siguiente y positiva a los quince días. Dos semanas luego de la agresión, se pueden hacer pruebas para chlamydia y gonorrea, y después de tres meses se hacen para VIH, sífilis y hepatitis.

En la mayoría de los casos, las adolescentes pueden tomar la píldora del día siguiente dentro de los cinco días posteriores a la agresión, incluso si toman la píldora anticonceptiva.

Tú eres la única que puede decidir si quieres hacerte exámenes médicos, nadie puede obligarte. Evidentemente, cuando la agresión conlleve riesgos para tu salud, el médico te aconsejará que los hagas, pero deberá respetar tu decisión.

3.2 Recolectar pruebas: **el estuche forense.**

Como la agresión sexual es un acto criminal, existe una herramienta sencilla que permite recolectar pruebas de manera adecuada. Es lo que llamamos estuche forense.

Consiste en un examen médico y legal, ya sea que el examen médico que responde a tus necesidades de salud y las muestras pueden ser utilizadas si decides hacer una denuncia ante las autoridades. Dichas muestras dependerán del tiempo transcurrido desde la agresión y de elementos de la historia de la misma.

Las muestras, sobre todo, permiten encontrar material biológico dejado en tu cuerpo o en tu ropa por el agresor. Puede ser esperma, sangre, saliva, fragmentos de piel que contengan ADN y sirvan para identificar al agresor.

Para recolectar los elementos de prueba en contra del agresor, las pruebas deberán ser realizadas lo más pronto posible: 1) en caso de relación, en las primeras 24 horas; 2) si hay materiales biológicos sobre la piel o si hubo penetración anal, dentro de los 2 primeros días; 3) si hubo penetración vaginal, dentro de los 5 primeros días.

Si aceptas someterte a estas pruebas y quieres denunciar con la policía, el estuche puede ser entregado a un agente de manera inmediata para ser llevado al laboratorio judicial y que un médico legista pueda examinarlo. Si no estás segura, el estuche y la información puede guardarse durante 14 días. Si no vas a denunciar, los elementos pueden ser destruidos.

4. Denunciar ante la policía.

4.1 trámites para la denuncia:

El deseo de denunciar puede variar de persona a persona. Una agresión sexual es un **acto criminal** y tienes derecho a denunciarlo.

Sin embargo, es importante que sepas por qué lo haces. Si eliges hacerlo, tal vez es para que el agresor sea castigado por lo que hizo.

Si no quieres hacerlo, tal vez sea porque tienes miedo o no quieres pensar más en ello. Es posible también que conozcas al agresor y que no quieras hacer las cosas más grandes o provocar molestias. Tienes que saber que siempre puedes denunciar, aun cuando tu agresión date de muchos años, incluso si no recuerdas todos los detalles.

Finalmente, tendrás tus buenas razones para denunciar o no hacerlo. Pero si decides hacerlo, esto puede ser de utilidad:

- Puedes hablar con tus padres o con alguna persona de confianza. Emma se acercó a Laurie, su mejor amiga.
- Los servicios policiacos de tu localidad deben ser avisados. Puedes llamar al 911 o pedir que alguien te acompañe a levantar la denuncia.

- Como Emma fue directo al hospital, la esperaba una trabajadora social y fue quien la acompaño en esta parte del proceso.
- Es importante que avises a la policía que temes por tu seguridad.
- En todo momento del proceso deberás responder las preguntas lo mejor que puedas y siempre diciendo la verdad.

5. Los días y semanas posteriores a la agresión sexual.

5.1 Las reacciones.

Luego de la agresión sexual, es probable que tengas sentimientos y reacciones de todos tipos. Evidentemente, eso no significa que los experimentes todos, pero recuerda que es normal reaccionar.

Podrás:

- Tener miedo.
- Desconfiar de las personas o de los hombres.
- Estar enojada o agresiva.
- Estar triste.
- Sentirte culpable.
- Tener vergüenza.
- Sentirte desesperada.
- Sentir asco.
- Sentir confusión.
- Sentirte desvalorizada.
- Sentir pérdida de control sobre tu cuerpo y tu vida.

- Pensar mucho en la agresión, repetirla mucho en tu cabeza.
- Temer a las relaciones sexuales (como Emma con Alexis, y más tarde con Louka).
- Sentirte desconectada de tus emociones.
- Sentir que necesitas estar sola.
- Tener dificultad para afirmarte o confiar en ti.
- Tener miedo de salir.
- Tener miedo de dormir sola.
- Tener problemas de concentración en la escuela y bajas calificaciones.
- Tensión entre tus padres o tus amigos.
- Tener miedo de las relaciones amorosas o sexuales o, al contrario, un aumento de la frecuencia de las relaciones sexuales.

Es importante recordar que cada víctima reacciona de manera diferente después de una agresión sexual.

Hay muchas razones que hacen que estos sentimientos puedan variar de una persona a otra. Dependerá:

- De tu estado antes de la agresión; por ejemplo, si viviste otro evento trágico como la muerte de un ser querido u otra agresión en el pasado.
- De tu personalidad y de tu capacidad para superar situaciones como esta.
- De tu estado de salud.
- Del contexto de la agresión, es decir; la relación que tengas con el agresor, el lugar, el número de agresores o de agresiones, etc.
- Del grado de violencia ligado a la agresión.
- De la reacción de tu familia y amigos.
- De la red de apoyo que te rodea.

También podrás sentir cambios físicos, como, por ejemplo:

- Dormir mal.
- Tener pesadillas.
- Tener aumento o disminución del apetito.
- Tener una baja o aumento de energía.
- Sentir mareos, dolor en el corazón y el estómago, el estrés y la angustia pueden ser la causa.
- Tener *flashbacks* del agresor o de la agresión.

Si acabas de revelar una agresión sexual que tuvo lugar varias semanas, meses o incluso años atrás, es posible que experimentes algunas de estas reacciones o sentimientos de malestar como los descritos aquí. Es normal: el hecho de hablar de ello hace que los sentimientos salgan a la luz como si el evento acabara de ocurrir.

5.2 Cómo retomar tu vida normal.

Un trauma como una agresión sexual nunca será completamente olvidado. Aunque esto pueda ser difícil para ti, es importante que continúes tus actividades normales, ya que esto te ayudará a integrar las repercusiones de los eventos en tu vida. Intenta seguir con tus estudios. Es posible que tengas dificultades para concentrarte en un principio, pero es mejor estar en la escuela, más o menos concentrada, que encerrada en tu recámara dando vueltas a lo que te pasó. Sin embargo, si ves que tu concentración no vuelve, habla con alguien de confianza.

Puede ser que tu agresor vaya a tu misma escuela. En ese caso, resulta más difícil regresar. Tus padres y los interventores del colegio pueden ayudarte: a sacarlo de la escuela, a cambiarte a ti o a controlar lo que pasa, etc.

Si otros alumnos están al tanto de la agresión, puede ser que los escuches hablar de ti y de lo que te pasó. Un poco como Emma, en aquella noche en la que sorprende a Alexis hablando de ella con faltas de respeto. Esta situación resultó terriblemente dolorosa para ella.

Aunque no sea fácil, puedes tratar de ignorar las maldades y las perversidades y encontrar cosas positivas en tu vida. También podrías expresar tu enojo ante la falta de respeto y empatía de tus compañeros ante las autoridades escolares. Eso sería lo mejor para poner un alto a los chismes. Para Emma, la solución fue terminar su relación con Alexis.

A menudo sucede que los adolescentes víctimas de una agresión sexual sientan que todos en la escuela lo saben. En realidad, los centros de estudios son grandes y la mayoría de los estudiantes no están al tanto de la situación o bien serán discretos y respetuosos.

También es importante retomar tus demás actividades y pasatiempos. Mientras más lo hagas, más pronto volverás a sentirte mejor o menos mal, pero debes ir a tu propio ritmo. Ya sea ir la escuela o a tus actividades deportivas o culturales, o salir con tus amigos o tu familia, es primordial que cambies tus ideas.

Normalmente, las reacciones y sentimientos más fuertes que siguen a una agresión sexual ocurren entre las dos y las cuatro primeras semanas. Después de eso, se van espaciando de uno a tres meses y tú te irás sintiendo mejor. Evidentemente, cada persona es distinta y esto depende de lo que hayas vivido, del apoyo que tengas y de muchos otros factores. Sin embrago, si ves que esas reacciones fuertes persisten más de cuatro a seis semanas después y que te impiden funcionar, es importante que consultes a un profesional, ya sea un médico, una trabajadora social o un terapeuta, etc.

No hay una fórmula mágica para lograr salir de esto. Sin embargo, existen cosas que pueden ayudarte a que te sientas mejor y más rápidamente.

5.2.1 Hablar y expresarte.

No te guardes todo. Intenta encontrar a alguien de confianza, que pueda ayudarte y acompañarte en los momentos difíciles. Esta persona puede ser un miembro de tu familia, una amiga fiel o una persona que juegue un papel importante en tu vida como un maestro, una trabajadora social o una terapeuta. También puedes hablar a alguna línea de ayuda telefónica de tu localidad o a algún centro de ayuda especializado. Para ciertas personas, es más fácil hablar con alguien anónimo.

Incluso puedes abrirte a la posibilidad de hablar con personas que han vivido experiencias similares a la tuya, como lo hizo Emma con sus sesiones de grupo.

Hay muchas maneras de expresarte y hablar no es más que una de ellas. Tienes derecho a expresar lo que sientes: es normal y saludable. Quizá prefieras escribir, dibujar, practicar deporte, etc. Elige la forma que más te convenga. Para Emma fue el *scrapbook*, como se lo propuso Evelyne, incluso cuando la sugerencia al principio la sorprendió y la contrarió. Al final, resultó de gran ayuda.

5.2.2 El miedo.

Si tienes miedo, rodéate de personas que amas y con las que te sientes bien. Pide a una amiga que te acompañe a la escuela o cuando salgas. Frecuenta lugares en los que te sientas segura. También debes confiar en tu instinto y tu intuición. Tu miedo es totalmente normal, pero es importante que no dejes de hacer tu vida porque tienes miedo. Poco a poco irá disminuyendo.

5.2.3 Retomar el control.

Probablemente el agresor te quitó el control sobre ti misma y sobre tu vida. Tienes que recuperarlo. Tienes fuerza interior y gente a tu alrededor que te ayudarán a encontrarlo. No dudes en expresar tus necesidades cuando las identifiques, pide lo que quieres y marca límites claros. Tienes derecho a decidir, por ejemplo, si deseas un examen médico. Tienes derecho de hablar con la policía. Asegúrate de que las personas te respeten y respeten tus ritmos y tus decisiones.

También puedes tomar clases de defensa personal. Estas no solo te ayudarán a defenderte, sino que también a retomar el poder y el control sobre tu vida.

5.3 La amistad y el amor.

No te cierres a los demás. Mantente en contacto con tus amigos, aquellos o aquellas que sean comprensivos, que no te juzguen y en quienes confíes. Incluso si no hablan de la agresión, estar acompañada te hará mucho bien; diviértete y has cosas que te gusten con ellos. Háblales sobre lo que estás viviendo si lo necesitas y si sientes que están disponibles. Un día, cuando ellos lo necesiten, tú también estarás allí para ellos.

Para Emma, esa persona invaluable fue Laurie, su mejor amiga.

Aunque no sea frecuente, también podrías perder algunas amigas que:

- No te crean.
- Tengan prejuicios sobre las chicas agredidas sexualmente.
- No comprendan lo que te sucede.
- No se sientan capaces de apoyarte.
- Se sientan incómodas ante una chica que vivió lo que tú viviste.
- Hayan tenido algo que ver con la agresión o hayan dado falsos testimonios.

También puedes hacer amigos nuevos. Por toda clase de razones, podrán ayudarte mucho. Por ejemplo, tal vez vivieron una situación parecida a la tuya y pueden comprender mejor. Como Emma que se sentía ligada a las personas de su grupo de apoyo. Aunque las historias sean diferentes, las víctimas sienten la misma tristeza, vergüenza y miedo.

Probablemente la agresión que viviste pudo o dañar tu confianza hacia los demás. Tal vez ya no te atrevas a hablar con chicos que conozcas o con desconocidos. Sin embargo, no todos los hombres son iguales. **La agresión** sexual es un acto de violencia que no es característico de todos los hombres.

Tu visión de la sexualidad también puede haber cambiado. Es posible que ahora la consideres como algo muy negativo, como algo malo. También puedes sentir que el agresor te robó algo de tu intimidad y de tu cuerpo. Puedes sentir asco hacia ti misma, como si te sintieras sucia o como si ya no fueras tú misma dentro de tu propio cuerpo. Es completamente normal, porque no deseabas los actos sexuales que tuvieron lugar. Sin embargo, intenta que él no te robe lo que te pertenece.

Si aún no habías tenido experiencias sexuales, podrás llegar a pensar que el sexo es malo y desagradable. Pero no olvides que lo que tú viviste no tiene que ver con sexualidad; fue violencia sexual, acciones a las que tú no consentiste. Se trató de un abuso de poder. La sexualidad es algo completamente distinto, para ti y para los demás; es compartir placer, amor, intercambiar un momento maravilloso, etc.

Como quiera que sea, probablemente te tome algún tiempo lograr una sexualidad sana. Cuando te encuentres con una persona que te respete y te ame, la sexualidad podrá ser una bellísima experiencia. Si tienes novio o novia, tendrás que decidir hablarle de la agresión. Si la relación es buena, sin duda podrá ayudarte. Ya sea que tengas una pareja ahora o más adelante, siempre es mejor hablarle para que pueda entender mejor tu actitud, tus temores, así como respetar tu ritmo.

En el caso de Emma, Louka fue comprensivo y respetuoso. Sin embargo, las consecuencias de la agresión sobre la vida sexual de la chica acabaron por terminar con la bella relación que tenían. Es lo que intentábamos explicar antes, que no debes permitir que el agresor se vaya con lo que te pertenece, con lo mejor de ti.

Una sexualidad sana está hecha de respeto por ti mismo y por el otro, confianza, amor, ternura, bienestar, consentimiento, placer, deseo y varias cosas más.

5.4 A quién acudir para pedir ayuda.

La mayoría del tiempo, los padres son las personas más indicadas. Explícales todo lo que pasó y diles lo que necesitas que hagan contigo y por ti. No pueden ponerse en tu lugar ni adivinar lo que sientes. Es preferible que comprendan por qué no te sientes bien, en lugar de reprocharles que no saben nada sobre el evento que te afecta.

El anuncio de la agresión sexual puede haber traído consigo toda clase de reacciones en tu familia. Efectivamente, tus padres pueden estar furiosos contra el agresor. También pueden estar enojados contra ti, porque quizá piensen que desobedeciste o que tú sola te pusiste en una situación de riesgo. Pueden estar ansiosos, tristes, irritables o muchas otras cosas. Pero son adultos significativos para ti y están allí para ayudarte y apoyarte. La manera de reaccionar de tus padres puede influir en la forma en la que salgas adelante.

Pueden tener reacciones positivas, como, por ejemplo:

- Apoyarte y ofrecerte todo lo que necesites.

- Acompañarte.
- Protegerte.

Tus padres sin duda temen que una situación parecida pueda ocurrir de nuevo. Tal vez por eso puedan sobreprotegerte. Sin embargo, si tú te sientes "sofocada" y cada vez es más difícil obtener permisos, háblalo con ellos. Tú tienes tu manera de vivir las cosas y ellos la suya. Para que todo sea claro, la comunicación es esencial. Pero tú debes decir las cosas cuando estés lista y sientas la necesidad.

Al igual que en el caso de la madre de Emma, tus padres también podrían tener reacciones negativas, como, por ejemplo:

- Dudar de lo que ocurrió.
- Culparte.
- No estar presentes para ti.

Tal vez no te lleves bien en general con tus padres. Si ese fuera el caso y de verdad no te sientes cómoda con ellos, **habla con alguna otra persona de confianza**.

Aún cuando haya personas que te rodean y que están allí para ayudarte, podrías llegar a necesitar ayuda profesional de un siquiatra, un sicólogo o, según tus reacciones, tal vez algún médico.

Algunas señales de alarma pueden ser:

- Te sientes deprimida por un largo periodo de tiempo.
- Tienes ideas suicidas.

- Tienes miedo de la gente o de salir.
- Tienes dificultad persistente ante la sexualidad.
- Lamentas haber hablado de la agresión.
- Tienes pesadillas recurrentes sobre el evento.
- Tienes comportamientos poco habituales.
- Consumes drogas o alcohol.
- Te pones en situaciones peligrosas.
- Te sientes culpable o sientes vergüenza de lo que te pasó y temes que no desaparezca.

Si este fuera el caso, no dudes ni un instante en consultar con algún especialista. Pero debes saber que primero te hará una evaluación, enseguida te dirá lo que puede ofrecerte. Ese es el momento de expresar claramente tus necesidades y pedir lo que necesitas y cuando lo necesites.

6. Ayudar a una amiga que acaba de ser víctima de una agresión sexual

Si una de tus amigas te confiesa que fue víctima de una agresión sexual, recuerda:

- Recibirla bien y no intentar arreglar tú sola la situación, pero llévala o ayúdala a encontrar ayuda.
- Habla con tus padres o algún adulto de confianza, ellos están en mejor posición para ayudarla.
- Puedes acompañar a tu amiga a hablar con alguna persona de confianza.

Organismos de apoyo

CTA - Centro de Terapia de Apoyo a Víctimas de Delitos Sexuales, Procuraduría General de Justicia de la Ciudad de México

La Casa Mandarina:
https://www.lacasamandarina.org/home
+52 (55) 5250 4859

Clínica Especializada CONDESA, CDMX:
condesadf.mx/victimas-de-la-violencia-sexual.htm

Agradecimientos

Como autora, mujer y madre, tengo que agradecer de manera particular a las personas que brindaron esta información. Las Éditions de Montagne se unen a su voz y a la mía para dar testimonio de nuestra inmensa gratitud.

Sin la participación del doctor Jean-Yves Frappier, pediatra y de Jo-Anne Couillard, enfermera, ambos empleados del hospital CHU Sainte-Justine, así como la de Deborah Trent, directora del centro para víctimas de agresión sexual de Montreal, no hubiéramos podido entregar una información tan completa y que reflejara tan bien la realidad que viven las víctimas de agresión sexual.

Su disponibilidad y dedicación, así como su paciencia y las incontables horas que nos dedicaron de manera gratuita, contribuyen en gran medida a su difusión. Gracias a ustedes alcanzamos el objetivo que era la finalidad de este proyecto: dar buena información y hacerla llegar al mayor número posible de personas. Su apoyo incondicional y su generosidad a lo largo de todo este camino no tienen precio.

Gracias por todo.